l'AMOUR
au tournant de la vie

LES ÉDITIONS QUEBECOR
225 est, rue Roy
Montréal, Qué. H2W 2N6
Tél. : (514) 282-9600

Distributeur exclusif :
AGENCE DE DISTRIBUTION POPULAIRE INC.
955, rue Amherst
Montréal, Qué. H2L 3K4
Tél. : (514) 523-1182

Elof G. Nelson

l'AMOUR
au tournant de la vie

EDITIONS

Quebecor

QUI EST ELOF NELSON ?

Elof Nelson est présentement assistant professeur au *Département d'Affaires familiales et de Santé communautaire* de l'École de médecine de l'Université du Minnesota. Sa tâche première à l'École de médecine est de mettre le Mariage et la Famille au programme de la nouvelle spécialité de Médecine familiale.

Le docteur Nelson est un professeur d'âge mûr qui a épousé sa meilleure amie de collège, Marette. Ensemble, ils ont mis au monde cinq enfants.

Ses études doctorales portèrent sur la psychologie. Au préalable, il avait obtenu un degré en théologie et rempli les fonctions de pasteur dans une paroisse rurale du Dakota du Nord.

Il est membre clinicien de l'*American Association of Marriage and Family Councelors,* il fait de la consultation sur le mariage et la famille à son bureau privé, et il est l'auteur de deux autres livres. Quand il exerçait les fonctions de directeur du programme *Religion et Santé* au *Fairview Community Hospital*, de Minneapolis, il mit en marche de nombreux programmes de santé matrimoniale et familiale pour la collectivité. Il est encore très actif dans les entreprises d'éducation communautaire en plus d'être en demande comme conférencier.

À ma femme
Marette

PRÉFACE

Ce livre traite de l'âge moyen. Plus particulièrement, il évalue la vie des époux entrés dans la génération médiane.

Dans notre culture américaine, nous mettons l'accent sur le développement de l'enfant. Avec raison, nous déployons beaucoup d'efforts à faciliter la croissance et l'épanouissement des jeunes pendant les deux premières décennies de leur vie. Nous semblons nous désintéresser, toutefois, des troisième, quatrième et cinquième décennies qui constituent la génération médiane. Et pourtant, en ma qualité de professeur d'université et de conseiller matrimonial, je dois faire face aux problèmes grandissants de l'âge moyen.

L'âge moyen est un âge aussi distinct et aussi important que l'enfance et l'adolescence. L'espérance de vie étant de 70 ans, plus ou moins, la moyenne de vie est donc de 35 ans. On peut donc dire que l'âge moyen commence à 35 ans et se poursuit jusqu'au début de la soixantaine. Ma propre typologie est la suivante : jeune âge mûr, de 35 à 45 ans ; âge mûr mitoyen, de 45 à 55 ; et âge mûr avancé, de 55 au début de la soixantaine.

La vie humaine s'allonge au bénéfice de la génération médiane. C'est là un phénomène si récent que nous ne pouvons pas encore en mesurer les conséquences, ni pour les individus, ni pour les couples, ni pour la société.

On connaît depuis longtemps les pressions culturelles exercées sur les jeunes. Il est essentiel que les parents, les éducateurs et les guérisseurs se préoccupent du développement physique et mental des très jeunes ; mais nous avons oublié le reste de la société qui pourtant porte le fardeau de la transmission sociale et culturelle.

Ces gens-là aussi souffrent. Eux aussi se sentent seuls, confus et entraînés dans le crescendo du changement qui souvent les laisse sans défense et souffrants. Tout comme chaque facette de cette vie, l'âge n'est plus ce qu'il était, il est meilleur, ou pourrait l'être.

La pérennité du mariage est menacée par de multiples forces, certaines intérieures, d'autres extérieures. Il y a quelques années, on entendait rarement parler de l'échec d'un mariage qui avait duré quinze ou vingt ans. Aujourd'hui, on constate une rapide augmentation de faillites matrimoniales chez des gens qui semblaient avoir dépassé le cap difficile croyions-nous, des premiers quinze ans.

L'entrée dans la génération médiane, surtout chez les époux, est notre sujet. Nous serons satisfaits si le lecteur y trouve son profit, c'est-à-dire assistance et espoir.

Armé de vingt ans d'expérience auprès d'époux troublés de la fragilité de leur mariage, je dois confesser la rareté de solutions toutes faites. En ce temps de transition rapide, nous devrons peut-être apprendre à nous accommoder davantage des questions posées que des réponses reçues.

De tout mon coeur, je crois au mariage. Le mariage et la vie de famille sont peut-être les seules institutions durables. Mais le mariage ne peut plus durer à la manière d'autrefois. Les rôles stéréotypés et les anciennes contraintes du mariage ne peuvent survivre.

La transition est douloureuse pour plusieurs et même traumatisante pour d'autres qui se sentent enfermés dans les rôles traditionnels de maris, d'épouses et de parents. Si l'habitude tient lieu d'intimité, l'épanouissement peut être difficile. Mais il n'est pas impossible. Lisez plutôt !

CHAPITRE 1

L'ÂGE MOYEN : UNE PÉRIODE DE CRISE

Pour la plupart d'entre nous, l'expression âge moyen sonne comme « cancer », « pauvreté » ou « ennui ». Seul l'envers de la médaille le rend acceptable. Nous nous accrochons à la jeunesse comme si c'était là la vie elle-même. Accepter, c'est se rendre — attitude que d'aucuns croient anti-américaine. Aucun de nous s'habitue à l'âge moyen ; nous y sommes si peu encouragés.

Depuis longtemps, en Amérique, la jeunesse est le point de mire. Nous vouons littéralement un culte au visage, à la personnalité et à l'énergie des jeunes. Nous nous sommes emballés de leur enthousiasme, de leurs possibilités et de leur avenir. Nous avons parfois critiqué leurs erreurs de jugement, mais les avons finalement acceptées, les tenant pour de l'idéalisme et de l'ouverture d'esprit. Nous savons ceci. À chacun de nous correspond une jeune personne, belle, fraîche, excitante, contre laquelle nous mesurons notre habileté potentielle.

Notre jeunesse recèle plusieurs lieux secrets où il nous est souvent agréable de retourner après vingt ans. Durant ce qui furent pour la plupart d'entre nous de belles années, nous inventions, nous découvrions, nous créions, nous explorions et nous rêvions. Mais l'âge moyen peut-il nous offrir des lieux secrets de rêve ? Nous programmons nos vies en vue de contrôler, d'organiser, de commander, et d'accumuler. Nous acceptons des responsabilités qui souvent nous détruisent. Nous devenons de plus en plus avertis de la mort, ce qui fait croître en nous le désenchantement provoqué par ce qui arrive à nos corps.

L'âge moyen ? C'est quand les adolescents commencent à vous appeler « l'Establishment ». L'âge moyen ? C'est quand vos enfants vous battent au tennis ; quand la marche de l'escalier semble plus haute ; quand le caractère d'imprimerie semble plus petit ; quand vous préférez bien manger à bien vous amuser. C'est une saison de la vie pour laquelle nous n'avons pas été préparés. C'est pourquoi nous devons apprendre car, contrairement à la jeunesse, le temps ne nous en sortira pas.

Le désenchantement est l'acné de l'âge moyen

Pour la plupart d'entre nous, l'âge moyen semble générer un malaise qui nous ronge. Vous vous regardez dans le miroir et, sans succès, tentez de corriger les plis qui vous descendent le long du nez jusqu'à la bouche. Le temps raccourcit. Dans votre jeunesse, il y avait un siècle entre vous et l'âge de 40 ans. La vie a-t-elle commencé à 40 ans ? Ridicule !

Mais à partir de 40 ans et après, les années paraissent des mois. Nous oublions même notre âge et souvent nous avons de la difficulté à situer dans le temps les événements de notre vie passée. Nous avons raison d'oublier ; nous avons tellement plus de choses à nous rappeler.

Le doute s'insinue. Vous ressentez de l'ennui, de la dépression ou de la confusion, par vagues ou par périodes répétées. Les rêves non réalisés de votre jeunesse vous laissent douter de vos capacités.

Au-delà de 65 pour cent des hommes de 35 ans et plus tiennent leur carrière pour médiocre. Peut-être la moitié de ces gens se sentent piégés. Ils ne savent dans quelle voie s'engager. Même s'ils étaient informés d'un nouveau débouché, ils sont trop écrasés par les hypothèques sur la maison, les mensualités de la voiture, l'éducation des enfants, pour réinvestir dans une nouvelle carrière. Alors, le désenchantement les envahit.

Les femmes ont, elles aussi, leurs frustrations. Les besoins des enfants ont diminué. Les progrès de la technologie laissent plus de temps libre à la ménagère. À moins d'apporter à sa carrière de «reine du foyer» de nouveaux centres d'intérêts, sociaux ou professionnels, elle se sent inutile, sans importance et finalement se meurt d'ennui.

Ces années de 35 à 60 ans deviennent critiques pour la plupart d'entre nous. Nous nous rendons compte de plus en plus que le temps fuit et que notre énergie s'envole, tout comme les moyens économiques et la confiance en soi.

En Amérique, l'âge moyen comprend seulement le quart de la population. Pourtant, ce quart donne, sans contredit, la note aux trois autres quarts. Dans les affaires et les pouvoirs publics, dans le monde du divertissement, de l'éducation et de la religion — soit dans tous les secteurs de la société, ce sont les membres de la génération médiane qui prennent presque toutes les décisions fondamentales, gagnent le plus d'argent, paient les taxes les plus élevées, et, chose étrange, subventionnent les protestations et les manières de vivre des groupes marginaux.

Les membres de la génération médiane traversent une crise. Ils se sentent déchirés entre une sorte de fidélité aux valeurs traditionnelles et un sentiment de culpabilité face aux valeurs de la nouvelle moralité. La jeune génération critique ou passe outre à l'éthique voulant qu'il faille assumer ses responsabilités pour jouir des gratifications sociales, sexuelles ou financières de la vie. On se demande où est passé le péché !

De nombreuses personnes sont dégoûtées du monde. Le «complexe de la mauvaise nouvelle» génère en nous plus d'anxiété que nous ne pouvons en supporter. Le docteur Gerald Klernean, professeur de psychiatrie à Havard, appelle les années de la décennie 1970 l'«âge de la mélancolie». Nous semblons voir si peu de réponses aux questions pressantes de la vie.

Les membres de la génération médiane sont ridiculisés pour leur hiérarchie de valeurs, critiqués par leurs enfants parce qu'ils prennent du poids, gagnent trop d'argent ou votent pour des hommes politiques qui influencent les tribunaux. Bref, la «bourrasque des jeunes» les fait passer de la peur à la terreur.

Les gens d'âge moyen poursuivent leur route en essayant de presser sur les bons boutons, cherchant à atteindre la santé mentale et la tranquillité en un monde qu'ils n'ont d'ailleurs pas consruit eux-mêmes. Plusieurs sont tout à fait conscients de n'être, pour employer les mots de Margaret Mead, que des «pélerins du temps». Le pélerinage, toutefois, semble coloré par le pessimisme plutôt que par le courage, par le désespoir plutôt que par la bonne volonté. Quand une vie se déroule sur une route de traditions, et qu'elle encercle un tourbillon de systèmes changeants, c'est que cette vie est, au mieux, incertaine, et, au pire, destructrice.

À mi-chemin de la vie à deux

Si vous êtes un Américain moyen, d'âge moyen, marié, votre mariage peut être menacé. Il peut s'effondrer du jour au lendemain, comme ce fut le cas de Becky Brown. Par un beau matin, comme tous les autres matins, Madame Brown se réveilla. Elle sentit tout à coup que l'homme couché à côté d'elle était, après 22 ans de mariage, un étranger.

Ce que Becky ne savait pas, c'est que son mari ressentait la même chose à son sujet. Il était mécontent de son travail et pour une raison inconnue, il ne pouvait pas en faire part à sa femme. Secrètement, Mel s'amusait à penser à une affaire qui lui aurait, sans trop savoir comment, apporté une compensation à son emploi non satisfaisant. En somme, quelque chose de semblable aux cadeaux qu'il recevait dans son enfance en rentrant de ses visites chez le dentiste.

Leur mariage s'était affadi et leur vie amoureuse était sans chaleur. Ils se disputaient au sujet des problèmes particuliers de leurs trois adolescents. Ils s'en rendaient même mutuellement responsables. La communication entre les Brown était très difficile. L'un n'écoutait pas l'autre, chacun étant trop préoccupé de son propre malheur.

Le changement ne se produisit pas subitement ; il ne fit que paraître subit. En cette matière, les Brown sont loin de constituer un couple isolé. Ils font partie plutôt de la majorité que de la minorité.

Autrefois, on croyait la génération médiane stable si elle avait franchi les dix ou quinze premières années sans trop de difficultés. Ses problèmes étaient mineurs, nécessitant un ajustement ici et là. Les parents devenaient grands-parents. Ils s'installaient confortablement dans un nid vide, allaient à l'église ensemble, et s'aidaient l'un l'autre dans leurs moments de souffrances. Ils peignaient la maison, cultivaient leur jardin et se permettaient quelques voyages ensemble. Tous deux vantaient les qualités de leurs enfants et de leurs petits-enfants. La collectivité, le gouvernement et la profession se faisaient de moins en moins pressants à mesure qu'ils s'incrustaient dans leur existence confortable. La vie d'alors n'était peut-être pas exaltante, mais elle était sûre et prévisible.

Les gens d'âge mûr — si vous préférez ce terme — jouissaient de leur confort et de leur tranquillité tout en semblant se plaire mutuellement. Nous portions attention à l'adolescence et à la vieillesse, mais l'âge mûr passait inaperçu. On croyait les gens, mariés par routine.

On dirait aujourd'hui que les contraintes de l'âge mûr suscitent des conséquences sérieuses sur le mariage et la vie de famille. Est-il alors surprenant de constater qu'environ 25 pour cent des divorces se rencontrent chez les couples mariés depuis quinze ans et plus. Même que ces chiffres augmentent.

Un pourcentage encore plus grand de couples restent mariés, mais les conjoints ne connaissent ni intimité, ni respect et ni tolérance l'un pour l'autre. C'est dommage qu'un si grand nombre de mariages s'effondrent juste au moment où chacun des deux époux a le plus besoin de l'autre.

Dans un sondage sur l'état des mariages à Detroit, Blood et Wolfe découvrirent que 52 pour cent des femmes étaient très satisfaites de leur mariage pendant les deux premières années, mais seulement 6 pour cent l'étaient encore vingt ans plus tard et 21 pour cent se dirent très insatisfaites.

La majeure partie d'entre nous connaissons plusieurs couples d'âge mûr qui se séparèrent après de nombreuses années de vie conjugale apparemment heureuse. Également, connaissons-nous des amis intimes qui ne semblent mariés que par routine, comme si c'était une mauvaise habitude. On a tendance à croire qu'ils ne s'aiment plus. Ils ne restent unis que par besoin. La haine peut constituer un drôle de ciment.

Mais aussi longtemps que ces conjoints restent ensemble, nous ne nous sentons pas concernés. Comme c'est tragique de ne pas s'alarmer de ce que certaines personnes se satisfont du minimum.

En réalité, nous nous sentons beaucoup plus concernés par ceux qui pratiquent l'amour en dehors du mariage que par ceux qui pratiquent le mariage en dehors de l'amour. Dans la plupart des modus vivendi du mariage, les époux transportent leurs frustrations au travail, ou s'adonnent à la boisson ou s'évadent dans l'adultère. Ou encore, ils souffrent de malaises psychosomatiques tels ulcères, migraines, douleurs de poitrine et lésions cutanées provoqués par leurs frustrations refoulées. D'autres fréquentent les cliniques médicales en quête d'assistance psychologique. Leur névrose fait d'eux des incapables. La maladie mentale les attend ; leur maladie est un cri de détresse.

Le conflit peut être créateur

Les années médianes sont, de nos jours, des années de crise. Les gens d'âge moyen sont au centre de presque tous les conflits, y compris les conflits matrimoniaux. Il n'y a rien de répréhensible à exprimer son opinion ainsi qu'à faire partager sa colère par quelqu'un d'autre, surtout par son conjoint. Ce qui est répréhensible, c'est de ne pas faire la paix, de poursuivre le débat sur des peccadilles, et non sur le fond du problème.

Les sujets chargés d'émotion doivent être vidés, c'est-à-dire exposés honnêtement, étudiés avec soin et résolus. Si les plaies restent ouvertes, nous sommes en danger.

Dans un ménage normal, il y a, au cours des ans, alternance de disputes et de réconciliations. Le genre humain est ainsi fait. À mesure que nous croissons en amour, nous devons faire face aux conflits, non pas les contourner. Si elles sont honnêtement résolues, les crises matrimoniales apportent une nouvelle dimension au lien conjugal.

Pour la plupart d'entre nous, la vérité, c'est que nous ne comprenons pas le conflit. Nous essayons de l'éviter. Certains couples se vantent de ne jamais se disputer. Avec orgueil, ils proclament l'harmonie complète de leur union. Chez ces couples, l'amour est si profond qu'il n'y a pas de place dans leurs relations pour la mésentente. De pareils gens sont insensibles. Ils croient à un mythe : celui que les mariages réussis sont exempts de conflits.

Ils ne savent pas discuter intelligemment ce qui leur permettrait de découvrir les sentiments de l'autre personne — ses peurs, sa colère, ses préjugés, ses espoirs.

À qui un couple peut-il s'adresser pour recevoir de l'aide ? L'Église a souvent été plus préoccupée par la cérémonie du mariage que par le mariage lui-même. Trop souvent, nous entendons les ministres du culte dire que le vrai chrétien aime tout le monde, ne se dispute avec personne et marche sur la terre bénie. Mais la terre de la vie est loin d'être bénie. Elle est couverte de cailloux, d'épines et d'ornières.

Le monde réel est un monde de besoins et de fragilité. Nous avons besoin d'aide également dans les expériences où nous pouvons recouvrer une nouvelle vie et redonner un nouveau sens à notre manière de vivre. C'est sans supprimer le caractère unique et individuel de l'être humain que l'Évangile s'adresse au gens en conflit et réconcilie les personnes en opposition. Mais comment ?

- Faites la découverte que vous êtes marié à une personne.

    Les conjoints ont des sentiments, des besoins et des intérêts différents. Ainsi va la vie. Il n'y a pas deux personnes identiques.

- Prenez le risque d'entrer dans un dialogue de personne à personne.

    Affirmez le fait que vous êtes une personne différente des autres. Affichez vos *sentiments,* vos *idées,* vos *espérances,* vos *craintes.* Parlez-en à l'autre personne. Courez le risque. Vos pensées sont-elles si précieuses que vous ne puissiez les exposer devant les autres?

- Quand l'autre personne parle, sachez écouter.

    Écoutez activement, c'est-à-dire sans formuler *votre* prochaine phrase, idée ou réfutation de ce que l'autre personne a dit. La plupart de nos disputes naissent de notre refus d'écouter les autres. *Apprenez à porter attention.* C'est là un art souvent absent de la majorité des mariages, mais essentiels à tous.

- Si vous tombez dans une impasse, demandez à une autre personne de vous conseiller et de vous enseigner à communiquer efficacement et avec créativité.

    Les prêtres, les travailleurs sociaux, les conseillers matrimoniaux et familiaux sont ordinairement préparés à cette tâche. On trouve toujours du réconfort à parler honnêtement à une personne désintéressée.

Les gens d'âge mûr rencontrent, toutefois, d'autres conflits plus difficiles à régler. Être d'âge moyen veut dire avoir de sérieuses responsabilités. Vous devez prendre soin des vieux et nourrir les jeunes. On s'attend à trouver en vous un conseiller plus sage que le jeune, tout en restant bienveillant envers le plus âgé que vous. Vous devez être attentif aux problèmes de chacun.

Aujourd'hui, les gens de la génération médiane se sentent exploités et piétinés. Assiégés de toute part, nous pensons souvent à « débrayer ».

Du pessimisme aux possibilités

Prise dans le malaise de l'âge mûr et sentant la pression monter de tous côtés, la victime se dresse en vue du combat ou se résigne à l'impuissance. Un jour, un médecin de 40 ans, déprimé et fatigué, voulut s'en sortir. Que faire? Vendre et se retirer dans un petit village?

David :   J'en ai marre de tout. Mon travail est trop exigeant et mes responsabilités envers la communauté m'écrasent. Ma femme est déprimée et constamment irritée. Elle me met tellement en colère que je m'insurge contre presque tout ce qu'elle dit. Et pourtant, je sais que le problème, c'est *moi,* pas *elle !*

Le conseiller : Tu m'as l'air passablement déprimé toi-même, Dave... On dirait que ta voiture est sur le point de tomber en panne d'essence et que tu ne sais pas où se trouve le prochain relais.

David :   Je suis fatigué, mais je me sens coupable quand je me repose. Je me sens mal à l'aise quand je déroge à mon programme pour m'amuser un peu.

Le conseiller : Tous les autres sont humains, sauf toi? On dirait que tu dois assumer les responsabilités de tout le monde.

David : En effet. C'est stupide, n'est-ce pas ?

Le conseiller : Stupide à ton esprit, oui ; mais pas à ton coeur. Vois-tu une autre option pour toi, une porte de sortie ?

David : Eh bien... une fuite immédiate. J'aimerais abandonner ma pratique, faire un versement initial sur une ferme, quelque part, et bricoler autour.

Le conseiller : C'est là ta première réaction... t'enfuir. Je me demande combien de temps tu te plairais dans ton nouvel état ?

David : Pas longtemps, je crains. Je deviendrais fou. Je suis trop actif.

Le conseiller : Je suis heureux que tu t'en rendes compte. Voyons ensemble d'autres options. Je crois pouvoir t'aider à sortir de cette dépression plutôt que de la fuir.

David : Ça me semble réaliste.

Le conseiller : Entendu. Voyons d'abord les carrières ; ensuite nous examinerons les possibilités de loisirs. Après, je voudrais vous voir tous les deux ensemble, toi et Mary, au sujet de vos problèmes communs.

David avait été un médecin engagé. Ses collègues comptaient beaucoup sur ses talents de clinicien et sur son bon jugement en matière médicale. Mais David avait dépassé les bornes. Il était devenu un bourreau de travail. Toujours prêt à servir les autres, il avait monté une clientèle imposante dans sa petite ville de 18 000 habitants. Il faisait partie de la commission scolaire, ce qui le forçait à assister à de nombreuses assemblées de comités. Il consacrait peu de temps à sa famille, encore moins à ses loisirs. Tout son entourage, sauf lui, s'en rendait compte : il se consumait.

Comme plusieurs parmi nous, David ne mettait pas en pratique ce qu'il recommandait aux autres. Notamment, le besoin de faire alterner le travail avec la distraction, la relaxation, la méditation et la contemplation.

Il était si préoccupé de son travail qu'il prenait rarement un repas sans discuter des problèmes de ses patients. Dans sa voiture, son magnétophone servait surtout à lui faire entendre sur cassettes les plus récents rapports de procédure médicale ou les dernières découvertes de la pharmacologie. Bach ou Beethoven ne lui parvenaient que par hasard.

D'aussi loin qu'il pouvait se souvenir, il avait négligé ses enfants et oublié sa femme. Rentré à la maison, il tombait endormi sitôt assis dans un fauteuil.

David devint alors déprimé. Sa tristesse s'entremêlait de colère vis-à-vis de sa femme. C'est à ce moment qu'il se confia à un ami qui le conduisit chez un conseiller.

David savait que sa « retraite » serait de courte durée. Il savait que son besoin de fuite signifiait son besoin d'aide personnelle pour surmonter sa crise grandissante. Il fallait que son pessimisme soit remplacé par l'espoir et la confiance. Sans de nouveaux objectifs, il aurait à peine continué d'exister. Il eut à découvrir que la vie est faite d'équilibre entre le mental, le spirituel, le matrimonial et le familial.

Certains couples d'âge mûr renoncent à la ruée vers la banlieue et s'installent plutôt là où il y a de l'espace, de l'eau, de la nature. Un sondage Gallup de 1973 révéla que 8 citadins adultes sur 10 préféraient vivre dans de petites villes. Vouloir vivre dans une communauté ou l'écologie est équilibrée constitue le désir d'un grand nombre. Mais s'établir dans une petite ville, pour échapper à la vie, en attire plusieurs autres.

Durant les années médianes, une partie de la crise réside dans le défi de nouvelles possibilités — sociales, professionnelles, spirituelles et physiques. Se contenter de vivre condamne à l'ennui, à la routine et au «je-m'en-foutisme».

Nous ne devons pas nous permettre de sombrer dans le pessimisme et la dépression. Se mettre en colère et abandonner constitue une fuite de premier ordre. C'est là abdiquer ses responsabilités envers soi-même, notamment celle de poursuivre sa croissance et de se réaliser selon ses potentialités. Quand on pense qu'à l'âge de 70 ans, une grande partie du potentiel humain est encore en sommeil !

La dépression constitue le principal désordre mental des gens d'âge mûr. Au fond, c'est une sorte d'égoïsme ; un refus d'aimer et une réticence à continuer de croître. Peut-être avons-nous besoin d'un mouvement de libération de la génération médiane. On en voit déjà apparaître des signes. Étant donné que la vie s'allonge par le milieu, on constate de multiples possibilités de renouveau et de transformation.

On n'est jamais trop vieux pour redémarrer dans la vie. Pour la plupart, la question reste : Comment ?

1- Vous commencez par dire *oui à la vie* tous les jours de votre existence.

2- Notre constitution ne nous promet pas le bonheur, mais elle nous promet la *poursuite* du bonheur. Envisagez d'y travailler fort.

3- Osez croire que vous êtes pleins de valeur et de promesse. Croyez-y fermement.

4- C'est un jour nouveau, alors cultivez un nouvel esprit — à votre sujet, au sujet de la vie, au sujet des problèmes de la vie.

5- Tracez une liste des carrières qui vous sont ouvertes maintenant. Qu'aimeriez-vous faire? Prenez de solides décisions.

6- Prenez les risques nécessaires à la poursuite de vos objectifs. Ce ne sera probablement pas facile. Mais n'abandonnez pas, même s'il vous faut des années de persévérance.

7- Convainquez-vous que vous avez *plus de sagesse, plus d'expérience, plus d'amis dévoués* et *certainement autant de courage* que vous en aviez à l'âge de 21 ans. Maintenant, mettez en pratique ces conseils et vous connaîtrez de nouvelles expériences, de nouveaux styles de vie et de nouvelles carrières. Souvenez-vous : *vous le pouvez !*

CHAPITRE 2

OÙ EST ALLÉE LA PASSION ?

Le corps humain est harmonieusement créé pour durer des décennies. Toute la vie durant, ses cellules et ses tissus se font et se défont. Le métabolisme cellulaire s'étend à toutes les parties du corps : les glandes, les vaisseaux sanguins, le squelette, la peau, le système nerveux, les organes de la reproduction, l'appareil urinaire, les yeux... Toutefois, le corps est davantage sujet aux changements après l'âge de 28 ans. À mi-chemin de la vie, les variations deviennent de plus en plus prononcées. Le vieillissement s'affiche au grand jour.

Ces modifications des appareils corporels sont le lot de tout le monde. Ce qui diffère, cependant, c'est l'interprétation que chacun donne au mot modification. Nous attachons beaucoup d'importance aux apparences. Des cheveux gris ? D'aucuns les teignent. La vue baisse ? Des verres de contact. Des chairs flasques ? Le gymnase et le régime alimentaire dernier cri. En Amérique, les principaux «clients» de repas à basses calories sont les gens de 35 ans et plus — l'âge où les aliments se consument moins vite qu'au temps de la jeunesse — l'âge où le surplus se loge dans les endroits les plus indésirables.

Si toute personne est candidate au vieillissement, pourquoi alors tant s'alarmer devant les premiers signes ? Le docteur Hans Selye, de l'Université de Montréal, pionnier de la recherche sur le stress, a considérablement élargi le champ de nos connaissances sur l'usure du corps par la vie.

Le stress est l'une des causes du vieillissement. D'après Selye, le stress est « la somme de tous les efforts exigés par les réactions vitales du corps à un moment donné ». Pour la plupart d'entre nous, dit Selye, le problème psychologique n'est pas le vieillissement ; c'est l'*adaptation au vieillissement*.

Notre manière d'interpréter et d'accepter ce qui se passe au cours du processus physiologique de vieillissement influence considérablement notre état de santé mentale, sociale et matrimoniale. C'est entre 35 et 40 ans que les signaux de changement commencent à se faire sentir. Les changements de surface deviennent visibles — peau, cheveux, poids. Nous nous rendons compte tout à coup que notre jeunesse s'envole et l'avenir commence à nous inquiéter.

Au tournant du siècle, l'espérance de vie était de 47 ans. Aujourd'hui, en Amérique, un enfant peut espérer vivre jusqu'à l'âge de 71 ans. Cette augmentation repose surtout sur l'amélioration des conditions de vie ainsi que sur les antibiotiques, les techniques chirurgicales, les vaccins et les soins médicaux améliorés. La médecine a enrayé un bon nombre des maladies autrefois responsables de morts prématurées : la typhoïde, la diphtérie, la tuberculose, la variole, la polio et quelques formes de cancer. Une hygiène publique plus exigeante a également contribué à l'amélioration de la santé de tous.

Les experts entrevoient un prolongement de 12 ans à l'espérance de vie si la bataille contre les maladies cardio-

vasculaires est gagnée. Les femmes y gagneraient probablement 15 ans. Comme la vie s'allonge par le milieu, un
prolongement de l'espérance de vie signifierait un plus
grand nombre d'années productives et agréables, tant du
point de vue physique qu'intellectuel.

De nos jours, la survivance physique ne constitue
toutefois pas le vrai problème de la survivance humaine.
Le vrai problème de l'humanité se trouve dans l'esprit et
la volonté. Pouvons-nous survivre psychologiquement et
spirituellement ? Dans la réalité de la vie, émotion veut
souvent dire friction. Un sentiment d'incertitude naît de
nos tensions, de nos anxiétés et de nos sentiments de
futilité devant la vie et l'avenir. Surtout dans les pays
hautement industrialisés. On ne se pose pas de questions
sur la survivance physique ; mais qu'est-il advenu de
notre sens du bien-être ? Qu'est-il arrivé à notre âme ? Sans
espérance, notre pessimisme tourne au désespoir. Nous
attendons encore le savant à qui l'on attribuera le prix
Nobel pour services rendus à la santé émotive et spirituelle.

Pouvons-nous survivre à l'âge moyen ? Les athlètes
professionnels sont « vieux » à 36 ans ; ils perdent trop
rapidement leurs réserves d'énergie et l'acuité de leurs
réflexes. Un administrateur de 39 ans se sentit soudain
accablé en prenant connaissance de l'augmentation « si-
gnificative » de sa prime d'assurance-vie. Un commis de
42 ans passa par une période de dépression en apprenant
qu'il entrait dans l'âge des maladies cardio-vasculaires.

Plus que les femmes, les hommes sont sujets à la
surdité, aux problèmes visuels, aux ulcères et à la calvitie.
Tous ces malheurs ne se produisent pas nécessairement à
40 ans. Chacun de nous est équipé d'une horloge
biologique personnelle qui, à l'heure de l'âge moyen,

ralentit la régénération cellulaire, les mécanismes corporels, les décharges hormonales, les rythmes du métabolisme, et l'accumulation d'énergie. C'est l'hérédité qui règle l'horloge de chacun d'entre nous.

C'est une boutade courante chez les médecins de dire à leurs patients que le meilleur remède pour vivre vieux, c'est de bien choisir ses parents.

En plus de l'hérédité, il y a aussi le stress, les maladies, les accidents, et les soins corporels qui contribuent à régler l'horloge de la vie. Il ne faut pas oublier non plus notre attitude devant la vie : l'anxiété pousse les aiguilles de l'horloge pour la faire marcher plus vite.

Qui que nous soyons, nous avons tous tendance à nous servir des barèmes de notre propre jeunesse pour mesurer notre ardeur à l'ouvrage, nos performances athlétiques, notre endurance au jeu, nos visites nocturnes à la salle de toilette, nos aptitudes sexuelles. Avec réticence, nous sommes forcés d'admettre que notre rendement n'est plus ce qu'il était. Certains refuseront de se rendre à l'évidence. D'autres s'y adapteront en en faisant un peu moins qu'auparavant. Presque toutes les collectivités voient de leurs membres d'âge moyen faire de la bicyclette, de longues marches, jouer au golf. Les gymnases, les terrains de golf, les exercices quotidiens et les courts de tennis sont des lieux fréquentés par ceux qui tiennent à rester alertes de corps et d'esprit.

La santé et le bonheur du mariage ne doivent pas dépendre des changements corporels. Malheureusement, c'est le recours de plusieurs personnes : elles invoquent leur état de santé pour en faire le moins possible. En conséquence, l'apathie et la négligence s'infiltrent dans leur manière de vivre.

Y a-t-il une chose telle que la ménopause chez l'homme?

La physiologie masculine de la reproduction est bien différente de la physiologie féminine. Malgré tout, on rencontre des hommes qui associent à la ménopause féminine ce qui leur arrive à mi-chemin de leur existence. Ce qui touche aux deux sexes se décrit par le mot *climatère*.

Le syndrôme climatérique est un ensemble de changements physiologiques, sociaux et psychologiques qui se produit dans les deux sexes vers l'âge de 40 ans. Il est associé à un changement hormonal et, par conséquent, ressemble au syndrôme climatérique de la femme. La science médicale n'est pas encore fixée sur les causes du changement chez le mâle. La raison en est que peu de recherche a été faite sur le processus de vieillissement à cette période de la vie masculine.

Chez l'homme, les symptômes sont la nervosité, la perte partielle ou totale de la puissance sexuelle, la dépression, la perte de mémoire ou du pouvoir de concentration, la diminution de l'ardeur physique, la fatigue, l'insomnie, la perte d'amour-propre, l'indécision, l'appréhension d'un danger, les troubles intestinaux et la morosité. Encore une fois, on n'en connaît pas la cause fondamentale. Certains hommes ne connaissent pas tous ces symptômes; d'autres n'en connaissent aucun. Par contre, plusieurs souffrent de troubles avancés qui nécessitent l'intervention du médecin.

La cause du climatère chez l'homme peut résulter d'une interaction de facteurs physiologiques et psychologiques. Du côté physiologique, le déséquilibre hormonal, c'est-à-dire la sécrétion insuffisante d'hormones sexuelles masculines, principalement la testostérone, a son importance.

Avec les années, les processus métaboliques du corps humain requièrent de moins en moins de nourriture; ce qui peut expliquer pourquoi on mange moins souvent et on engraisse quand même. Il faut donc recourir aux exercices physiques sans quoi on est menacé d'embonpoint, sans compter le stress et les maladies du système vasculaire. Le coeur se voit obligé de travailler plus fort, sans pour autant libérer les artères de l'accumulation de plaquettes qui finalement ralentissent la circulation du sang.

Les reins et le tube gastro-intestinal ont perdu de leur efficacité. Peut-être peuvent-ils fonctionner durant une autre période de 50 ans, mais pas à la même allure que dans le passé. Chez certains hommes, l'hypertrophie de la prostate entraîne des troubles de la vessie et de l'urètre.

À cette période de la vie, la perception visuelle et l'acuité auditive baissent.

Certains symptômes sexuels inquiètent la plupart des hommes de la génération médiane. Chez l'homme de 40 ans et plus, la sécrétion de la testostérone décroît ainsi que la spermatogénèse, ce qui entraîne des changements dans le comportement sexuel. L'érection et l'éjaculation prennent de plus en plus de temps à se manifester; la période réfractaire entre deux éjaculations s'allonge de plus en plus. Cependant, ce changement biologique se produit si graduellement qu'il n'y a pas lieu de s'en inquiéter — considérant surtout qu'il est un processus naturel. Et pourtant, nous nous alarmons de voir nos corps changer. La vraie menace à notre bien-être et à notre épanouissement, c'est notre réaction émotive face au changement. La crise de l'homme d'âge moyen est, règle générale, plus psychologique que physique. La dépression est la perturbation la plus envahissante des années climatériques. Se sentir morose, aigri par les aléas de la vie, sans entrain devant le travail et l'amour : voilà les doléances entendues le plus souvent. Des facteurs internes et externes sont à la fois responsables de ce type de dépression. Ce genre de dépression est particulièrement fréquent chez les hommes de la génération médiane moderne.

Une couple de banlieusards de 43 ans était malheureux en mariage depuis au-delà d'un an. Les liens étaient effilochés. Il ne leur restait qu'à voir un conseiller. Bud prétendait que sa profession et sa position dans la collectivité lui interdisaient de rechercher de l'aide. Alors, Joan prit rendez-vous. Ce fut une expérience pénible pour elle. Elle semblait avoir épuisé toutes ses ressources personnelles à satisfaire les exigences constantes de son mari. Elle était désespérée, presque vidée de toute volonté. Joan raconta :

Je suis au bout de ma résistance. Il est fâché contre moi du matin au soir. Et contre notre fils également. Rien de ce que nous faisons ne lui plaît. Je tiens même ses silences pour des attaques. Il me rend responsable de tous ses malheurs. Il est si persuasif que je ne peux même pas discuter avec lui. Son attitude dominatrice et son insistance à dire qu'il a raison m'empêchent de dormir et de manger. Même ma vie sociale en est affectée. Que puis-je faire ?

Après deux séances, Bud vint me voir. Durant sa première visite, il me demanda si je pouvais aider *sa femme à changer*. Après vingt ans de mariage, lui aussi était rendu au bout de sa corde. Le divorce était imminent.

Pendant les six semaines suivantes, les deux époux vinrent ensemble chez le conseiller — pour fin de thérapie.

Ses symptômes de frustration, de fatigue et de surcharge devant ses responsabilités professionnelles et communautaires se voyaient à l'oeil nu. Il afficha un profond désintéressement envers son travail, ses distractions, sa collectivité, sa vie sociale. Il laissa entendre qu'il songeait souvent à ramasser ses avoirs et à se retirer dans un petit patelin pour y vivre seul. Il l'aurait probablement déjà fait n'eut été de ses deux garçons.

Sa dépression était claire, mais il ne pouvait pas la voir parce qu'il en rendait sa femme responsable. Elle était devenue le bouc émissaire de toutes ses frustrations, désillusions et désenchantements. C'était maintenant au tour de son fils adolescent de servir de cible à ses colères. Sa dépression, entretenue par ses frustrations et ses révoltes, constituait la pierre d'achoppement de ses relations matrimoniales.

Sa femme semblait incapable de lui plaire. Quoi qu'elle fit, elle lui apparut comme une ratée. Sa dépression, typique de la crise d'âge mûr, diminuait son rendement au travail. Sa profession l'ennuyait. D'après lui, il ne pouvait plus compter sur ses associés qui, la plupart du temps, lui refilaient les problèmes les plus difficiles. Il allongeait ses heures de repas, restant, le plus souvent seul à rêvasser. De toute évidence, il était insatisfait de son travail ; mais il ne semblait avoir aucun autre projet de travail à l'esprit. Tout ce qu'il espérait, c'était de vendre et d'aller s'établir à l'autre bout du monde — seul. Il en vint finalement à voir le problème matrimonial comme *son* dilemme intime plutôt que *leur* problème interpersonnel.

D'abord, le conseiller l'aida à sortir de sa routine. Il considéra la possibilité de s'absenter de son travail pendant trois mois afin de réorganiser sa vie personnelle en se fixant des objectifs.

Objectifs à court terme

1. S'inscrire à un programme de conditionnement physique et ne pas abandonner.

2. Reconnaître en lui-même qu'il devait agir en homme sérieux.

3. Une fois par semaine, faire part à quelqu'un de ses anxiétés.

4. Reconnaître le besoin d'un changement majeur dans sa vie.

5. Tenir ses expériences pour un nouveau défi.

Objectifs à long terme

1. Planifier une carrière universitaire en s'inscrivant à une faculté d'études supérieures.

2. Postuler, par lettres, un nouvel emploi.

3. Construire un chalet sur son lot près du lac.

4. Faire les plans de plusieurs voyages pour les prochains cinq ans.

5. Perdre 40 livres de poids au cours de 18 mois.

Pendant vingt ans, il avait connu la routine. Il craignait la concurrence, surtout celle de ses jeunes semblables. Il se sentait dominé par l'impuissance, l'absence d'amour-propre et la crainte de l'échec.

Grâce à quelques mois de thérapie, il cessa d'être la terreur du foyer pour devenir le mari et le père ayant retrouvé l'amour-propre et la paix de la famille. Il avait déplacé ses centres d'intérêt, s'était redéfini et avait redonné un nouveau sens à sa vie, à son travail et à son mariage. Sa crise d'homme d'âge moyen lui permit de repenser sa manière de vivre et de s'engager dans de nouveaux sentiers. Tout ce dont il a besoin maintenant, c'est le courage quotidien de faire face à la vie avec confiance et persévérance.

Bien qu'ils reconnaissent la présence de facteurs physiques dans le vieillissement de l'homme d'âge moyen, les cliniciens sont d'avis que *le climatère masculin n'est pas physique mais émotif*. Les hommes frappés des symptômes ci-haut décrits ne doivent pas en avoir peur. Ces symptômes sont peut-être essentiels au développement harmonieux de l'homme dans la quarantaine. Il faut toutefois comprendre ce processus et l'accepter. Les adolescents vivent leur mutation ouvertement, s'interrogeant sur leur identité et contestant les valeurs et les concepts reçus.

L'homme d'âge moyen peut en faire autant, se rappelant que le durcissement de l'esprit est beaucoup plus sérieux que le durcissement des artères. L'homme doit apprendre à s'adapter aux changements constants des tâches, tant au travail qu'à la maison, s'il veut garder l'estime des siens et de lui-même. Les nouvelles expériences, les nouvelles idées et l'affrontement des changements de la vie apportent une bouffée de printemps dans l'automne de l'existence. L'espérance et le courage sont les antidotes de la dépression. Ce sont également des antidotes contre notre complaisance et notre apathie. Enfermés en nous-mêmes, nous nous contemplons le nombril. Malheureusement, ce n'est pas là que logent la beauté, l'espoir et la promesse de jours meilleurs.

F. Scott Fitzgerald a déjà dit avec amertume : « La vie en Amérique est une pièce sans deuxième acte. » C'est là un mythe. Les années médianes constituent une période de changement, changement intérieur et changement d'orientation. C'est le temps de repenser sa vie, de faire le point de ses valeurs et de sa conduite, afin de s'élever vers de nouvelles réalisations. En somme, ce n'est là qu'un changement. Le changement peut être un fidèle ami, à condition de l'aborder avec l'attitude voulue.

Le climatère chez la femme

La physiologie des organes féminins de la reproduction, beaucoup plus complexes que ceux de l'homme, peut être la cause de troubles émotifs et physiques. Chez presque toutes les femmes, la ménopause est marquée par une diminution abrupte de la sécrétion d'oestrogène. La ménopause ne se produit pas subitement ; elle peut cependant arriver de manière à provoquer de la tension et de l'inconfort.

Avec le temps, la période de la reproductivité féminine s'allonge quelque peu. Chez les jeunes filles d'aujourd'hui, les menstruations commencent plus tôt que chez leurs mères et parfois se prolongent à un âge plus avancé que chez celles-ci. Cela veut donc dire que la période de reproductivité, période ordinairement associée au «sex-appeal» de la femme, commence plus tôt et dure plus longtemps. Les progrès de la science médicale, de la pharmacologie et de l'industrie des cosmétiques continuent d'apporter aux femmes l'encouragement nécessaire à leur entrée sans encombre dans le monde changeant de la quarantaine.

Plusieurs femmes attendent l'âge de 40 ans et plus avec inquiétude. Elles peuvent même difficilement avouer qu'elles ont 40 ans. Les histoires de vieilles femmes au sujet des horreurs de la ménopause, du vieillissement, des bouffées de chaleur, de la fatigue et des rides que les jeunes femmes ont entendu raconter par leurs grands-mères sont restées dans la mémoire de plusieurs. On comprend l'appréhension des jeunes femmes devant l'arrivée des années médianes de la vie, la femme étant, à tort ou à raison, appréciée plus pour son apparence que pour tout autre attribut. Vieillir est, règle générale, plus difficile chez la femme que chez l'homme. C'est pourquoi la femme a besoin de renforcer son sens des valeurs et son amour-propre.

On peut attribuer faussement à la ménopause l'instabilité mentale et la dépression alors que cent autres facteurs peuvent en être responsables. L'attitude des gens face aux changements de la vie influe également sur leur santé. Nous savons très bien que certaines formes de psychonévrose ou de mélancolie ne sont pas causées uniquement par la ménopause. La santé mentale de la femme dans la quarantaine est souvent conditionnée par sa façon de voir la vie pendant ses jeunes années.

De nos jours, les femmes ont accès à des programmes éducatifs nouveaux et perfectionnés pour les renseigner sur les «problèmes féminins». Les cliniques médicales peuvent administrer avec compétence des traitements hormonaux. Les gynécologues modernes sont d'ailleurs formés à l'art et à la science de la consultation et du traitement des femmes aux prises avec de tels problèmes. De nombreuses femmes souffriraient moins de crainte et d'anxiété si elles avaient une meilleure connaissance des changements organiques normaux de leur corps.

Les ovaires sont particulièrement importants, d'abord parce que les ovules proviennent des ovaires, et ensuite parce que les ovaires sécrètent les hormones féminines, l'œstrogène et la progestérone. Les ovaires sécrètent leurs hormones directement dans le sang. Ces deux hormones sont essentielles au rôle de la femme dans la reproduction. Elle sont de plus essentielles pour faire de la femme une femelle.

Les physiologistes nous rappellent que le corps de l'homme contient également des œstrogènes. De même, le corps des femmes contient des androgènes. Les androgènes sont les hormones qui font de l'homme un mâle.

Sous l'influence directe de l'hypophyse — glande maîtresse du corps humain — l'hormone féminine, l'œstrogène, devient responsable du développement des caractéristiques féminines de la femme, telles que les seins, l'allure, la texture de la peau. De plus, cette hormone préside au développement de l'utérus et favorise l'ovulation — qui envoie les oeufs des ovaires à l'utérus en passant par les trompes de Fallope.

Après l'ovulation, la progestérone entre en scène. Sa principale fonction consiste à préparer la muqueuse utérine en vue de la nidation et de la grossesse. Elle mène la grossesse à terme.

Le corps féminin produit ces hormones tous les mois, à partir de la puberté. Au tournant de la quarantaine, les ovaires diminuent leur production d'oestrogène. La femme sent alors la ménopause qui approche.

De nombreuses femmes s'inquiètent des changements que subit leur corps. Elles n'ont pas à craindre, toutefois, la perte complète d'oestrogène : par bonheur, une autre glande endocrine, la glande surrénale, continue de voir à l'équilibre du système féminin. Par conséquent, les attributs féminins ne disparaissent pas tous. Ils se modifient sans toutefois laisser la femme sans attraits. Les femmes d'âge moyen affichent une autre sorte de charme. Ce n'est pas le même que dans leurs années de jeunesse, mais en prenant soin d'elles-mêmes, les femmes d'âge mûr peuvent conserver beaucoup de sex-appeal. Le secret est de le vouloir.

Après le ralentissement de l'activité ovarienne, entraînant par le fait même une chute dans la production d'hormones, certaines femmes éprouvent des sensations désagréables dans leur corps. Les sensations les plus souvent notées par les médecins sont la dépression, l'insomnie, le vertige, la sécheresse et la démangeaison du vagin, les maux de tête, l'augmentation ou la diminution du désir sexuel et les palpitations du coeur.

Le symptôme classique reste celui des bouffées de chaleur. Les joues peuvent tout à coup rougir ; des taches rouges peuvent apparaître sur la peau, une sueur froide peut couvrir le corps. Souvent les femmes atteintes de pareils symptômes s'affolent. Si elles sont du type à s'inquiéter facilement, ces symptômes physiques peuvent s'accentuer chez elles.

En réalité, leur attitude face à ces changements est beaucoup plus responsable de leurs malaises d'âge mûr que ne le sont les changements physiologiques qui se passent dans le secret de leur corps.

Toutefois, les femmes ne sont pas toutes atteintes de bouffées de chaleur suivies de refroidissements. Et celles qui le sont devraient en parler à leur médecin qui est en mesure de les aider. Les gynécologues affirment que seulement 10 pour cent des femmes rendues à l'âge de la ménopause éprouvent des symptômes graves. De plus, un autre groupe de 20 pour cent ressentent des symptômes graves. De plus, un autre groupe de 20 pour cent ressentent ces symptômes, mais légèrement. En général, ces cas peuvent être facilement traités par des remèdes courants.

La plupart des femmes n'ont pas besoin d'aide médicale. Elles sont soulagées de ne plus avoir de menstruations. Elles font face à ces changements physiologiques avec une attitude positive se disant, qu'après tout, il n'y a pas lieu de s'alarmer puisque ces changements sont naturels.

La ménopause ne met pas un terme aux joies d'être femme. Ce n'est pas un adieu à l'amour. Les joies du sexe sont là pour tous les âges ; non seulement pour les jeunes.

Ce n'est pas la fin de la vie — au contraire, c'en est peut-être la meilleure partie, les principaux acteurs étant tous entrés en scène.

Le changement élève la femme à un autre palier de la féminité — un palier où elle peut s'exprimer avec plus de confiance et de compréhension. On peut même voir là le palier du développement ultime de la femme — une période d'épanouissement, de créativité et de compétence conjugale, sexuelle, professionnelle et maternelle.

Les émotions sont quelque peu imprévisibles pendant cette courte période de la vie, mais la femme stable s'y adapte facilement, en se cherchant de nouveaux objectifs et en acceptant ses changements avec confiance. Il faut que la femme se découvre de nouvelles raisons de vivre. Le temps d'élever vos enfants est passé ; lancez-vous dans une nouvelle carrière. Vous croyez qu'il est trop tard ? On rencontre des femmes de 70 ans à l'école. En ce temps de chance égale pour tous, c'est emballant d'être femme. Vos choix ne sont plus déterminés par la couleur, le sexe ou l'âge.

Changement et défi

Pour la plupart des femmes, la vraie bataille de l'âge médian est d'ordre psychologique et non physiologique. Des cas graves de psychose due à la ménopause ne se rencontrent qu'à la fréquence de cinq sur 100 000.

Durant cette période médiane de la vie, l'ennemie réel de la femme est sa propre façon de se voir. Souvent les gens subissent des échecs à cause de la piètre impression qu'ils ont d'eux-mêmes. Nous devenons facilement notre pire ennemi. Les fausses impressions sont souvent les pierres d'achoppement de l'épanouissement des êtres. C'est souvent pourquoi la passion de vivre flanche.

Autant chez l'homme que chez la femme, la dépression et les malaises de la génération médiane sont liés à notre interprétation de ce qui nous arrive. Si nous sommes toujours négatifs, nous mourons mille fois. Si nous faisons face à la vie avec enthousiasme, nous vivons dix mille nouvelles expériences agréables et enrichissantes. La majorité d'entre nous contemple le passé — ce qui nous rend malades. Au contraire, nous devons nous épanouir en inventant de nouvelles voies.

Une femme d'âge moyen, Elsie, se sentant victime de ces changements, «débraya» devant la vie. Elle pesait 40 livres de trop, elle souffrait de toutes sortes de maux qui échappaient au diagnostic médical, et, par le fait même, était limitée dans son activité. Elle se sentait négligée par son mari et ses enfants.

Elsie :   Je sais que je suis trop grasse, mais me mettre au régime me rend nerveuse. De plus, je déteste préparer *deux* repas.

Une amie : Mais tu ne prends plus soin de toi, Elsie.

Elsie :   Ah! À quoi bon? La vie m'a oubliée. Que puis-je espérer à 48 ans?

Une amie : Tu peux espérer autant à 48 ans qu'à 28. Peut-être davantage.

Elsie :   Quand j'avais 28 ans, les enfants avaient besoin de moi. Mon mari s'intéressait plus à moi et passait plus de temps à la maison. Nous faisions beaucoup de choses ensemble. Maintenant, les enfants sont grands et ont quitté la maison. Et lui, il est toujours au bureau ou chez ses amis.

Une amie : Et tu te sens abandonnée, délaissée.

Elsie :   C'est exactement cela. Que puis-je faire? Il

est normal que les enfants s'occupent d'eux-mêmes. Je ne peux pas forcer mon mari à s'intéresser à moi. Il trouve toutes sortes d'excuses pour faire autre chose, et moi, je me retrouve à la maison avec mon *Reader's Digest* et mes plantes.

Une amie : Elsie, je pense que tu te satisfais de trop peu. Tu as cessé de prendre goût à la vie. Tu as sombré dans une ornière et tu essaies de te justifier.

Elsie : Je ne me sens pas bien. Regarde toutes les pilules que je prends. Mes remèdes pour les nerfs ne font plus autant d'effet qu'autrefois. Un médecin m'a dit de ne pas m'attendre à devenir beaucoup mieux. Quand tu te sens comme moi, la vie ne t'excite plus. Tu te résignes.

Elsie était enfermée dans sa résignation. À ses yeux, elle n'était d'aucune valeur pour personne, pas davantage pour elle-même. Elsie « débraya » et se réfugia dans une interprétation égoïste et fausse de son vieillissement. Au fond, elle manquait d'amour-propre. Elle en voulait à la vie et cherchait à chasser ce stress en s'évadant.

Les femmes de la génération médiane peuvent se rendre attrayantes d'autres façons. Les massages, les manucures, les maquillages, les nouvelles coiffures sont autant de passe-temps normaux et amusants pour la femme de 40 ans et plus. Ces recours leur donnent une nouvelle personnalité, tout en leur inspirant une nouvelle sensation de bien-être. Le conditionnement physique et la lutte à l'embonpoint sont très importants à la santé. Mais si la femme d'âge moyen a succombé au vieillissement de l'esprit, les cosmétiques n'y feront rien.

Par sa conduite et sa manière de penser, la femme qui se laisse aller devient vite « vieille » en regard de la jeune génération. C'est facile de se laisser glisser dans la maladie et la critique. D'aucunes espèrent même tomber malades afin d'attirer l'attention.

De nos jours, il y a tant d'occasions de s'occuper. Les années médianes apportent la sagesse, le charme, ainsi qu'un style particulier à l'esprit qui se veut disponible. L'homme et la femme qui acceptent les changements de l'âge mûr s'en trouvent gratifiés de plusieurs façons. Pour recouvrer la santé et se renouveler, l'être humain a besoin de se savoir capable de croissance dans tous les domaines de la vie. À l'orée de l'âge moyen, on doit se rendre compte que la vie devant soi peut être aussi longue que la vie déjà écoulée. La plupart des préparatifs sont terminés, les erreurs corrigées, l'expérience accumulée. Le reste de la vie peut être vécu.

Il ne faut pas se déclarer vaincu. Ces années médianes s'allongent de plus en plus. Le présent doit servir à s'améliorer. Personne n'est obligé de se vaincre lui-même. En disant *oui à la vie,* nous illuminons à la fois nos vies et celles de nos enfants. En disant *oui à la vie,* nous servons d'exemples aux autres. Notre esprit se sent alors vif, chaud, prêt à accueillir les multiples cadeaux de la vie. Et chaque jour, nous jouissons d'être toujours vivants. Nous éprouvons une nouvelle poussée créatrice, un sentiment de réalisation. Faut-il, toutefois, ne pas lutter contre la vie mais aller dans le sens de la vie afin d'en tirer le maximum.

CHAPITRE 3

QU'Y A-T-IL APRÈS L'AMOUR CONJUGAL ?

Les gens de la génération médiane font souvent porter sur les changements physiologiques de l'âge mûr la responsabilité de leur insatisfaction dans le mariage. Ce n'est là qu'une excuse.

Ennui et routine

Qu'advient-il de l'amour dans le mariage ? Pourquoi ne peut-il se prolonger durant les seconde, troisième et quatrième décennies de la vie conjugale ? Est-ce là un fait ou un mythe que la passion amoureuse est réservée aux seuls jeunes gens ?

Les deux ennemis les plus mortels du mariage sont l'ennui et la routine. Toute relation humaine peut s'enliser dans les tâches routinières et les sentiers battus de l'ennui. Dans la plupart des relations, nous oublions les autres personnes. Notre erreur devant la vie et les êtres, c'est de croire que les choses seront toujours les mêmes, alors qu'en réalité, c'est le changement qui assure la pérennité des relations. Le statu quo n'existe pas dans le mariage. Ou bien vous créez et progressez, ou bien vous laissez les horizons se fermer autour de vous.

Pour un temps, nous croyons au mythe du naturalisme. Attendre. Laisser les choses arriver. Tout marchera bien : ce n'est qu'une question de temps.

Mais dans le domaine des relations humaines, il ne faut pas passer outre aux autres personnes. Le mariage constitue l'association à deux, la plus difficile qui soit. Ce n'est pas suffisant d'aimer machinalement, silencieusement, d'une façon pratique. Rien n'arrive entre deux personnes si elles ne prennent pas les moyens de susciter l'arrivée de quelque chose. Ceux qui cessent d'entretenir leur mariage voient leur amour s'éteindre et leurs relations conjugales sombrer dans la tolérance.

Si vous n'avez pas parlé à votre meileur ami, dernièrement, vous serez peut-être étonné d'apprendre :

- qu'il a vendu son commerce ;
- qu'il s'est acheté une villa en Espagne ;
- qu'il se teint les cheveux ;
- qu'il a changé d'allégeance politique ;
- qu'il prend des leçons de peinture à l'huile ;

Si vous n'avez pas eu de dialogue sérieux et honnête avec votre conjoint dernièrement, vous serez peut-être surpris d'apprendre :

- qu'il ou qu'elle recherche un nouvel emploi ;
- qu'il ou qu'elle projette de prendre des leçons de tennis ;
- qu'il ou qu'elle veut aller en vacance sans vous ;
- qu'il ou qu'elle prend des leçons de danse chez Arthur Murray ;
- qu'il ou qu'elle vous en veut...

Un changement marqué peut s'être produit chez l'un

des conjoints ; c'est pourquoi les époux doivent rester en communication constante pour connaître les sentiments, les valeurs et les besoins de chacun. L'amour conjugal peut changer du tout au tout mais d'une manière subtile. Les personnes trop facilement convaincues de la bonne marche de leurs affaires conjugales reçoivent parfois le choc de leur vie en apprenant que l'«autre» ne l'aime plus. Contrairement à l'argent mis à la banque, l'amour ne produit pas d'intérêt.

Nous sommes tous des créatures d'habitudes et nous tombons dans de mauvaises habitudes plus facilement que dans de bonnes. La plupart d'entre nous choisissent la route du moindre effort, plutôt que de rechercher des manières créatrices de partager le lit, le logis, le budget et les fardeaux de la vie commune.

Les mariages entre gens qui succombent aux ennemis de l'esprit ne durent pas longtemps. Ces mariages perdent vite leur lustre. Les époux connaissent rarement la joie. Chacun d'eux ennuie l'autre. La routine les a marinés dans son jus. Certains de ces mariages sont tellement moches, que les acteurs ont non seulement perdu l'art d'aimer, ils ont même perdu l'art de se quereller.

Les deux conjoints deviennent emmurés dans la dépendance mutuelle — ce qui les incite à maintenir leur mode de vie comme moyen de protection et de confort, ou bien la colère et la confusion les mènent à la dérive, chacun de son côté.

Une femme dans la jeune quarantaine disait : «Il est important pour nous deux de nous accrocher l'un à l'autre — notre seule sécurité est en nous, notre travail, et le peu d'argent que nous avons épargné». Et elle ajoutait : «Nous n'avons pas l'énergie voulue pour voyager ou pour nous lancer dans de nouveaux projets.»

Bienvenue au changement

Il n'est pas inévitable qu'à mi-chemin de la vie, le mariage perde son charme. Pourtant, que de gens se satisfont d'un quelconque compromis. Au lieu de voguer à travers les ans, ils se laissent aller à la dérive, tournant le dos aux multiples chances de s'exprimer dans la joie et la créativité.

Les années médianes du mariage peuvent se poursuivre dans une sereine réciprocité, tout en laissant aux conjoints leur indépendance. C'est en étant attentif aux besoins, aux désirs et au style de vie de l'autre — à condition que l'autre soit sincère — que la vie à deux s'embellit, pour chacun et pour le couple.

Il est un type d'amour conjugal qui se situe à l'orée du mystère. Les mots le décrivent mal à cause de son sens profondément spirituel.

Mais ce type d'amour est inconnu des couples à la dérive parce qu'ils ont raté la douce expérience d'une harmonieuse intimité et d'un respect réciproque acquis au cours des luttes communes. Ces couples changent, non pour le meilleur mais pour le pire.

Tous les mariages passent par deux paliers de changements. En soi, un changement n'est ni bon ni mauvais ; il est tout simplement une réalité. Pour comprendre le cycle des changements, on n'a qu'à suivre l'évolution de son propre mariage à travers les paliers suivants :

1- La lune de miel (un an) ;

2- L'expectative d'être parents ;

3- Parents d'enfants d'âge préscolaire ;

4- Le temps d'élever des enfants (années remplies, peu d'espace, peu d'argent, peu de temps) ;

5- Parents d'adolescents (on se sent vieillir) ;

6- Le temps de lancer les enfants dans la vie (il vous reste encore la moitié de votre vie à vivre) ;

7- Le temps du nid vide (c'est le temps de prendre de nouveaux risques et de nouveaux engagements) ;

8- L'âge de la retraite (vous vous êtes mariés pour le meilleur et pour le pire ; pas seulement pour vous assurer les repas de chaque jour).

L'adaptation à chaque palier de la vie conjugale et familiale est difficile : on nous y a si peu préparés. Nous connaissons de nouvelles expériences et de nouveaux départs. Nos rôles changent et les tâches requises pour maintenir la famille et le foyer en harmonie avec les exigences économiques pressantes changent elles aussi. On doit se défendre et se prémunir contre les dangers et les assauts de toutes sortes. Mais les joies de la réussite nous gagnent devant les réalisations des enfants qui grandissent — ainsi que devant nos propres réalisations. Se réfugier dans la sentimentalité pure ne peut qu'entraîner l'arrêt de l'épanouissement. On ne vit pas uniquement de son passé ; il faut semer encore aujourd'hui si l'on veut récolter demain.

Au fur et à mesure que nos devoirs de parents et nos responsabilités professionnelles augmentent, nous changeons en tant qu'individus. Et parce que nous changeons en tant que personnes, nos relations avec nos enfants, nos parents, nos amis changent également. Souvent, toutefois, on ne s'occupe pas du plus important des liens — le lien conjugal. On le laisse glisser inconsciemment vers le compromis. Si nous acceptons mal de vieillir, nous nous plaçons souvent en conflit avec nous-mêmes. L'amour commence alors à mourir de mille petites morts.

Nous ne pouvons nous attendre à être la même personne à 40 ans qu'à 20 ans. Nous n'avons pas vécu notre vie dans le vide. Nous avons connu des joies et des récompenses, qui ont toutes contribué à former et à colorer notre conception de nous-mêmes, de nos épouses et du monde autour de nous.

Si nous sommes ouverts à la vie, nous ne pouvons rester la même personne d'une année à l'autre, voire d'un jour à l'autre. De nombreuses personnes s'en rendent compte intellectuellement, mais ne semblent pas le comprendre émotivement.

Donc nous changeons. Nous devons changer. Au début de leur union, presque tous les couples s'attendent à ce que leur mariage dure toute la vie. C'est possible. Il devrait même durer. Mais il faut que l'amour prenne une nouvelle perspective, que parfois même il subisse un changement dramatique à l'arrivée de l'âge mûr.

Un professeur qui discute souvent de mariage avec des couples de la génération médiane demande fréquemment aux conjoints s'ils s'aiment encore. Seulement la moitié des couples répondent catégoriquement qu'ils s'aiment toujours. Les autres sont incertains. Seul un tiers des maris et des femmes sont sûrs que leur amour s'est enrichi avec le temps.

Ce n'est pas le mariage qui est en faute. Ce sont les personnes qui s'y engagent. Ce n'est pas davantage l'amour qui est responsable. Ce sont les personnes qui, soit, ne peuvent aimer ou qui ne veulent apprendre à aimer.

Si vous avez une piètre opinion de vous-même, vous pouvez difficilement aimer une autre personne. De même en est-il des égocentristes, des gens préoccupés uniquement de leurs réalisations et de leurs plaisirs. Ces gens se servent des autres personnes; ils ne les aiment pas.

La notion que nous ne pouvons aimer les autres que dans la mesure où nous nous aimons nous-mêmes, est une notion très ancienne. Au dix-neuvième siècle, Kierkegaard prétendit que nous serions mieux de ne pas suivre le précepte évangélique «Aime ton prochain comme toi-même», à moins de s'aimer soi-même. Aimer les autres n'a donc de sens que si d'abord nous nous aimons nous-mêmes sagement, profondément et correctement. Si nous ne nous aimons pas, nous dépensons trop de temps et d'énergie à nous demander pourquoi les autres ne nous aiment pas, à nous convaincre et à convaincre les autres de notre valeur.

Si noblesse oblige, de même en est-il de l'amour. Aimer, c'est se donner en cadeau l'un à l'autre. Aimer, c'est vouloir rendre son partenaire aussi heureux qu'on voudrait l'être soi-même. Aimer, c'est se pencher constamment sur l'autre, tout en conservant son amour-propre. Aimer, c'est se croire capable d'être aimé soi-même et pour soi-même.

Le cynisme et le désenchantement dans l'amour nous amènent à des voies souvent compensatoires. Dans bien des cas, ces compensations deviennent névrotiques. Elles mènent à un désengagement de plus en plus accentué. Notre propre aigreur sert souvent de justification à nos actions. Ainsi, la vie se vide de tout sens.

Un mariage réussi est un défi difficile et exigeant. Son strict minimum consiste en une convention humaine où chaque contractant cherche son épanouissement dans un décor d'intimité. Et il ne peut y avoir d'intimité sans réceptivité et amour.

L'amour a besoin d'espace vital, d'occasions de se donner, et de patience et d'attention envers l'autre. Son mobile premier est de guérir notre être intérieur, le recréant comme être libre et responsable, armé de la force de se soucier des autres et du monde entier.

Je t'aime sont des mots qu'il faut répéter à toutes les saisons de la vie humaine. Aimer, c'est satisfaire aux besoins changeants de l'autre. On ne peut pas s'attendre à ce que l'amour soit le même pendant les années d'âge mûr qu'il l'était aux premiers jours du mariage. Pourtant le besoin d'aimer et d'être aimé ne doit de ce fait diminuer. En consultation matrimoniale, on discute des trois idées suivantes :

1- L'amour est un échange entre deux personnes par lequel chacune est aidée dans son épanouissement et dans la satisfaction de ses besoins.

2- Pour celui ou celle qui reçoit l'amour, toute expression d'amour, en acte ou en pensée, doit se manifester en termes du besoin du receveur.

3- Les besoins de chacun changent constamment ; à vous de vous en rendre compte.

L'art d'aimer

Le mariage est un échange, à la fois, profond, enrichissant, exigeant, personnel et sexuel. C'est censé être un engagement pour la vie. Mais hélas, trop de conjoints ne comprennent pas l'art d'aimer.

Mon expérience personnelle en ma qualité de conseiller matrimonial me laisse croire que les hommes, plus que les femmes, ont de la difficulté à comprendre le sens de l'amour. Pour de nombreux hommes, l'amour se résume à l'expérience sexuelle. Évidemment, l'amour est autre chose que le sexe. Aimer, c'est donner, se soucier, respecter, partager, et quoi encore.

L'une des définitions les plus simples et les plus compréhensibles de l'amour nous vient de Harry Stack

Sullivan : «Il y a état d'amour quand une personne se préoccupe autant de la sécurité et de la satisfaction des besoins d'une autre personne que de sa propre sécurité et de la satisfaction de ses propres besoins. »

Les gens ne se ressemblent pas tous. Les époux sont de formations différentes ; ils perçoivent la vie de manières différentes. Ils ont aussi des préoccupations différentes. Enfin, ils ne se perçoivent pas de la même manière que les autres les perçoivent.

Certaines personnes ne s'aiment pas du tout ; elles sont, par le fait même, incapables de se croire dignes d'être aimées. Certaines personnes sont patientes, d'autres impulsives et changeantes. Certaines personnes sont sévères, têtues, rancunières, d'autres se croient obligées d'exercer des pressions sur leur conjoint pour se sentir à la hauteur.

Il y a aussi ceux qui tentent de maîtriser les autres — en parlant fort, en faisant des demandes excessives, en faisant la grève des relations sexuelles, en retenant de l'argent dû ou promis. Ceux-là n'ont qu'une connaissance partielle de l'amour.

Dans le mariage, il y en a d'autres qui jouent un jeu, trichent, manipulent ou abdiquent leurs responsabilités dans le but de s'adapter à leur conjoint plutôt que de l'aimer.

Il y a longtemps, le médecin suisse Paul Tournier désignait le mariage comme l'«école des personnes ». Mais que de gens mariés ferment la porte à la chance de devenir une personne. Ils s'adaptent à la vie en cachant et en protégeant les impulsions, les mécanismes de défense et les attitudes de leur jeunesse.

On ne les a jamais aidés à aimer. De leur côté, ils n'ont jamais demandé d'apprendre l'art d'aimer. L'art d'aimer se mesure à l'attention qu'on porte à l'autre personne — profondément, patiemment, sincèrement.

L'une des causes de divorce chez la génération médiane, c'est l'absence d'amour. Après des années, le vide amoureux refait surface. Pour plusieurs personnes mariées, la seule façon de s'en sortir, c'est de rechercher une nouvelle union. La société moderne s'est libéralisée sur ce sujet. Cela ne veut pas dire que le nouveau mariage est mieux réussi. C'est souvent la même tragédie jouée par de nouveaux acteurs.

Quand commence le mariage ?

Si nous sommes mécontents de nous-mêmes au moment d'entrer dans le mariage, et que nous le restons, nous ne pourrons jamais offrir quelque chose de valable à notre conjoint. Si notre absence de talent, d'aptitude, d'amour-propre nous a désabusés, nous ne serons pas très enclins à partager. Un amour-propre positif est un important cadeau à s'offrir et à mettre en commun avec son conjoint tout au long du mariage.

En vérité, votre mariage commence par votre habileté à vous donner à une autre personne. Il commence par votre habileté à accepter une autre personne comme votre égale. Ainsi, le respect mutuel en sera renforcé. Au fil des relations à venir, vous devrez consolider le sentiment de chacun en sa valeur propre afin de vous aider mutuellement à vous épanouir. Vous acquérez ainsi la maturité et vous atteignez la satisfaction de vos besoins comme vous aidez votre conjoint à y atteindre.

Certains mariages s'effondrent pour bon nombre de raisons dont les suivantes :

Votre mariage connaîtra l'échec si...

1- Vous vous prenez pour un cadeau de noce sans valeur.

2- Vous prenez votre besoin de dépendance pour de l'amour.

3- Vous vous mariez pour échapper à une situation pénible (parents, travail, solitude).

4- Vous vous mariez pour vous conformer à la coutume... et non parce que vous le voulez réellement.

5- Vous vous mariez par curiosité sexuelle.

6- Vous croyez qu'après le mariage, vous vous sentirez mieux dans votre peau.

7- Vous vous mariez pour faire savoir à tous que c'est vous le maître de vos décisions.

8- Vous êtes égoïste et que le mariage sert vos intérêts.

9- Vous voulez dominer quelqu'un.

10- Vous voulez un serviteur ou une servante.

11- Vous avez peur de la vie et vous recherchez la sécurité.

12- Vous n'êtes pas prêt à assumer les obligations du mariage.

13- Vous ne croyez pas que l'amour soit important.

Voilà une liste de pierres d'achoppement à tout mariage, quel que soit l'âge des candidats. Mais dans vos années médianes, vous avez davantage de ressources pour vous aider à changer. Vous avez l'expérience des années passées, les ressources financières et autres recours.

Comme vos bonnes habitudes, vos mauvaises ne sont pas immuables. À tout âge, vous êtes susceptible de modifier sensiblement votre personnalité et votre attitude face à la vie. Tout ce qu'il vous faut, c'est le courage de changer et la sagesse de rechercher l'aide de ceux qui sont en mesure de vous aider — vos amis, votre conseiller moral, un conseiller matrimonial.

Vous pouvez faire redémarrer votre mariage aujourd'hui même, si vous vous y mettez. Mais il y a l'obstacle majeur : celui de le vouloir sans flancher. Vous devrez rejeter les mythes selon lesquels vous êtes trop vieux, trop fatigué, trop ancré dans votre manière de vivre. Évidemment, vous devrez, tous les deux, déployer le même effort — et c'est là la tâche difficile dans le mariage. Les deux conjoints devront manifester une même ouverture d'esprit devant la vie et devant les possibilités d'un avenir commun. Une personne seule ne peut pas tout faire. Les deux époux doivent se placer au centre de l'échange, afin de partager les efforts, les désappointements, les changements et les bienfaits.

Votre âge ne doit jamais servir d'excuse à votre immobilisme. Votre désir de retourner en arrière non plus.

Vous serez toujours une personne avant tout, un époux ou une épouse en second lieu et un père ou une mère en troisième lieu. C'est pourquoi le rôle de parents est le premier que vous abandonnerez dans l'âge mûr.

Les enfants grandissent et deviennent indépendants. Maman et Papa ont du mal à s'adapter au fait que les enfants n'ont plus besoin d'eux comme auparavant. Les couples sont seuls, non par choix, mais parce que les années passent. Ils découvrent des choses qui autrefois leur avaient échappé. Ils voient vieillir leurs propres parents, leurs propres amis. Tout autour d'eux leur rappelle leur propre vieillissement. Alors, ils s'interrogent.

Ils deviennent préoccupés d'eux-mêmes ; ils deviennent égoïstes pour se protéger. Ils peuvent afficher moins de souplesse d'esprit. Ils peuvent amasser, devenir amers envers le monde, ou encore s'employer à trouver des défauts à tous et devenir des «généraux en pantoufles». Ils s'insurgent contre la perte de leur jeunesse, de leur vitalité, de leur sex-appeal, et, si tel est le cas, de l'amour de leur conjoint. Le cynisme leur ronge le coeur.

Pour certains, la route facile est celle de l'alcoolisme, de l'ennui, de l'adultère, ou tout simplement de la démission. Étant donné que le mot jeunesse est synonyme d'énergie, d'appétit, d'aventure, de mouvement, les deux derniers tiers de la vie sont, pour certains, obscurcis par l'appréhension et les pertes sans retour.

De nos jours, le taux de divorce augmente claire-ment parmi les couples mariés depuis vingt ou trente ans. C'est que ces couples sont rendus à l'âge où ils se retrou-vent seuls, leurs enfants ayant quitté la maison, certains pour se marier.

Restez mariés et épanouissez-vous

Il faut deux personnes pour faire un mariage, mais il n'en faut qu'une pour le briser. Les conjoints doivent se redécouvrir et épousseter leur amour de temps en temps. Les couples sincères dans leur recherche de renouvelle-ment découvriront sans doute que l'âge mûr peut devenir le plus enrichissant de tous.

Betty était venue me voir à la suggestion d'un médecin de la clinique. Elle était âgée de 49 ans, jolie et bien mise. Elle avait consulté son médecin à cause de bourdonnements dans les oreilles. Étant musicienne et professeur de piano, cette défaillance auditive lui causait des ennuis. L'examen médical confirma l'absence de trouble organique. Le médecin plaçait plutôt l'anxiété à l'origine de son mal. Il finit par l'interroger sur les conditions de sa vie conjugale.

Bob, son mari, avait 50 ans. Ils étaient mariés depuis 29 ans. Leurs trois enfants avaient quitté la maison ; deux d'entre eux étaient mariés et les petits-enfants visitaient souvent les grands-parents.

Le médecin lui conseilla de venir me voir, ce qu'elle fit avec joie et empressement. Sans réticence, elle me fit part de l'angoisse que provoquait chez elle le fait que son mari ne semblait plus l'aimer ni se plaire à la maison. Il ne s'occupait nullement d'elle ; il ne s'occupait que de lui. Il témoignait même plus d'affection pour son chien que pour sa femme.

Betty :   Il rouspète tout le temps. Il ne s'intéresse à personne à la maison — pas même aux enfants. Il fait du temps supplémentaire le soir, avec plaisir ; juste pour m'éviter ! On doit lui rappeler de se raser. Je crois qu'il porterait la même chemise toute la semaine... Et il rechigne au sujet de la moindre petite chose. Ses seules préoccupations sont sa boisson, son chien et son téléviseur. En pratique, il ne vit qu'avec ses trois « amis ». Il ne se préoccupe pas de moi pour deux sous. J'en ai marre. Je suis à bout. Je n'en peux plus.

Le conseiller :   Vous vous sentez seule et en colère et vous ne savez que faire.

Betty :   Oui. Il est devenu égoïste et insouciant. Il boit trop et il s'attend à ce que je descende dans le sous-sol m'asseoir pour boire comme lui ; et ça, je ne peux pas.

Le conseiller :   Avez-vous fait part de cette situation à vos amis ou à vos enfants ?

Betty :   Nos amis boivent autant que lui. Et mes

enfants ont leurs propres problèmes conjugaux. Alors, je n'ai personne à qui parler.

Le conseiller : Cette situation vous complique la vie, n'est-ce pas ?

Betty : Je ne lui veux pas de mal et si possible je voudrais sauver notre mariage. Mais il s'intéresse plus à son chien qu'il ne s'est jamais intéressé à moi ou aux enfants. Il veut me faire l'amour seulement quand il est saoul ; mais je ne veux pas de lui dans cet état, même s'il est mon mari. Alors, il ne comprend pas. Que puis-je faire ?

Le conseiller : Je crois pouvoir vous aider. Viendrait-il me voir avec vous ?

Sexuellement parlant, Bob et Betty étaient devenus incompatibles. Quand Bob était ivre, il critiquait tout à tue-tête et, comme un Viking en colère, se précipitait au lit en exigeant de l'activité sexuelle. Choquée par ces scènes, Betty allait se coucher sur le divan, en ruminant son dégoût. Son anxiété s'aggrava et ses bourdonnements d'oreilles l'avertirent de son besoin d'aide. En premier lieu, son médecin l'entendit.

À ce moment, Bob et Betty eurent tous les deux recours à mes services. Après quelques semaines de séances pendant lesquelles elle racontait ses frustrations et répugnances, Betty sentit son anxiété et sa dépression s'amenuiser. De même en fut-il de la dépression et des sentiments d'insécurité chez Bob. Les deux se rendirent compte que leur mariage s'en allait à la dérive. Bob avoua détester son travail mais ne voyait pas de moyen d'en sortir. Le fait de se sentir cerné le déprimait. Encore dix ans, et il aurait atteint l'âge de la retraite. Avec sa pension et ses bénéfices sociaux, il pourrait ne rien faire d'autre que d'aller à la chasse et à la pêche.

Non seulement Bob se laissait aller, il sombrait dans l'alcoolisme et la dépression. Il admit facilement que ce qui lui arrivait lui importait peu ou pas du tout, mais il se disait intéressé au sort de sa femme. Betty fut estomaquée d'entendre ces paroles à une séance conjointe. Il ne lui avait pas soufflé un mot d'amour depuis quinze ans. Les deux éclatèrent en sanglots. Cela n'avait pas été facile. Mais après un long et pénible préambule, ils s'étaient enfin ouverts à la vie. Ils étaient enfin prêts à livrer la lutte de la réconciliation et de la réhabilitation.

En dépit de la sérieuse tempête de leurs années médianes, leur disponibilité à entendre quelques conseils et quelques suggestions contribua à redonner à leur union conjugale la sûreté et la sécurité. Bob parut se tenir sur ses gardes mais les deux époux acceptèrent de revenir.

En deux mois, les deux avaient redécouvert l'amour-propre et le respect de l'autre. Bob s'était inscrit dans les A.A. et manifestait un nouvel intérêt à la vie. Les deux avaient réappris à communiquer. Il y eut de petits accrochages, mais ayant appris à écouter, chacun s'employa à rectifier la situation. Betty n'entendit plus de bourdonnements.

Aujourd'hui, Bob et Betty forment un couple heureux qui récolte, dans les années d'âge mûr, les bienfaits d'un investissement de plusieurs années passées ensemble à partager les mêmes épreuves et à élever leurs enfants. Ils vivent un amour régénéré. La vie n'est plus comme aux premiers mois de leur mariage, ni comme au temps où les enfants étaient petits. C'est différent, mais à sa manière, cette période est confortable... et — il faut bien l'avouer — excitante, comme les autres périodes.

Ils vivent ensemble un mystère et une tranquillité, se faisant plaisir l'un l'autre par des paroles aimables et des gestes amoureux. L'expression sexuelle de leur amour est revivifiée par la découverte de l'intimité qui transcende leur propre ego. Chacun sait maintenant comment chérir l'autre. L'amour retrouvé est même plus agréable à vivre que l'amour des jeunes années. Trempé au feu des conflits, leur amour a résisté à l'usure du temps.

Apprenez à aimer

Tout comme la vie, l'amour est développement et changement. On n'est jamais trop vieux pour la chaleur humaine, la tendresse, l'intimité, la compréhension. Mais, parfois, nous ne savons pas comment les atteindre. On apprend à aimer — ou encore, on se souvient comment aimer. Voici quelques suggestions pour améliorer le mariage.

1- Ne comptez pas uniquement sur le mariage pour satisfaire vos besoins sociaux. Certaines personnes attendent trop du mariage : pour elles, le mariage est la source de toutes les récompenses sociales et personnelles. Ces personnes épuisent leur conjoint en s'y accrochant à la manière d'une vigne grimpante. Nous avons tous besoin d'intimité et l'espace qui sépare les deux doit être respecté.

2- Les deux époux doivent rester ouverts à la croissance. Vingt ans d'expérience m'ont appris que là où il y a un problème conjugal, l'un des époux est un individualiste têtu — quand ce ne sont pas les deux. L'entêtement et la défensive ne favorisent pas la croissance du caractère. Dans un bon mariage, chacun des époux doit continuer à se développer en tant qu'individu, et autant que possible au même rythme.

3- Acceptez de vous voir comme une personne compétente à votre manière. L'image que vous vous faites de vous-même doit refléter votre amour-propre, le respect de votre personne. Rappelez-vous que vous êtes une personne unique ; il n'y en a pas deux comme vous au monde.

4- Ne vous laissez jamais vous sentir victime de la vie. Vieillir ne vous donne pas le droit de tirer les rideaux de votre vie pour vivre au ralenti. Le jour où nous nous trouvons victimes du changement, nous devenons facilement la proie du pessimisme, du cynisme et de l'envie. Continuez de dire *oui* à la vie, même à l'âge de 90 ans.

5- Ne vous contentez pas de jouer le rôle de l'époux traditionnel. Nous avons également besoin de manifester notre amour en devenant un compagnon agréable. Quels que soient vos rôles dans le mariage, repensez-les régulièrement avec votre conjoint. Non seulement vos besoins changent, mais également ceux de votre époux ou de votre épouse. Qui sait, vous êtes peut-être en retard de deux ans sur l'autre. Dans *votre* mariage, devenez ce qui est important pour les deux.

6- Discutez fréquemment (attention au respect humain) de ce que vous attendez de votre partenaire ; ensuite, rendez-lui la pareille. Il n'y a rien comme la communication pour éviter les échecs de la vie.

7- Renouvelez l'échange tous les jours. Ne vous dites jamais que votre partenaire vous est acquis. Consacrez du temps, chaque jour à la communication franche et honnête, même si ce n'est qu'un moment. N'oubliez pas que la meilleure partie de la communication est peut-être votre aptitude à écouter l'autre ; activement, non passivement.

8- Explorez les changements de votre vie sociale, votre rôle au travail, vos besoins personnels. Ne craignez pas les nouvelles options. L'une des personnes les plus intéressantes que j'aie jamais rencontrées est un homme de 74 ans qui avait commencé à skier à l'âge de 71 ans. Combattez la routine par des expériences qui laissent entrer de la lumière dans votre vie.

9- Si vous n'avez pas encore appris à vous satisfaire sexuellement l'un l'autre, prenez le temps qu'il faut pour y parvenir et consultez ceux qui peuvent vous aider. Souffrir en silence ne mène nulle part. Mettez votre orgueil en échec ; ne lui permettez pas de nuire à votre mariage. Vous en avez peut-être encore beaucoup à apprendre dans l'art de l'expression sexuelle mutuellement satisfaisante.

10- Rappelez-vous que dans la famille, le lien conjugal est plus important que le lien parents-enfants. Mettez l'accent sur la conservation et l'amélioration de votre mariage. Les enfants doivent sentir la chaleur et la bonne-entente au foyer. Les couples qui sont d'abord deux époux compatibles et aimants inspirent facilement la sécurité et la confiance nécessaires à la bonne éducation des enfants.

Faire l'expérience d'un miracle

Le mariage est une expérience qui exige un investissement répété honnêtement chaque jour de notre vie matrimoniale.

Il n'y a pas de raison pour que les années médianes ne soient pas de belles années. Par leur intimité et leurs joies conjugales, nos années d'âge mûr devraient être considérées comme des années de réalisations et de récompenses, d'ambitions concrétisées et d'engagements dans les affaires humaines. En réalité, nous sommes au milieu de tout — au milieu de notre vie temporelle, de notre vie familiale, de notre vie collective, de notre vie professionnelle.

De ce point stratégique, nous devrions être mieux placés qu'à toute autre période pour voir et apprécier la vie. Cette position nous donne une perspective et des points de repère particulièrement utiles à la compréhension du monde dans lequel nous vivons. Nous sommes aussi bien placés pour regarder en arrière qu'en avant.

L'âge mûr, c'est la période de notre vie où nous sommes les plus forts. Notre puissance peut être mise au service du bien commun ou de la promotion des valeurs que nous jugeons essentielles.

À cet âge, l'esprit des deux époux s'unit dans des dimensions inégalées. À cet âge, l'homme et la femme ne font plus qu'un, ce qui leur permet de trouver l'énergie d'améliorer leur relations. Ils restent de vraies personnes pour le meilleur et pour le pire, dans la richesse comme dans la pauvreté ; dans la maladie comme dans la santé.

La compatibilité a une manière d'investir le mystère de la vie à deux et de donner aux conjoints la puissance, l'amour et la maîtrise de soi. L'époux et l'épouse sont comme deux composés compatibles qui, se touchant l'un l'autre, sont tous les deux transformés. Leur vie recèle un mystère impénétrable — même pour eux.

CHAPITRE 4

L'ART DE SE DISPUTER

Il est impossible à deux personnes de vivre ensemble pendant plusieurs années sans se disputer. Il est même impossible à une personne de vivre sa vie sans conflit. Le mariage n'est pas différent. Toute existence exige un contact avec d'autres humains dans un monde où les conflits abondent.

Le conflit est donc une réalité de la vie. Les relations entre époux, entre parents et enfants, en bas âges ou adolescents, entre frères, entre enfants et grands-parents et toutes autres sortes de relations, sont sujettes à conflits. On ne peut échapper aux conflits. On ne peut que les nier.

Chaque humain étant un être unique, différent de son voisin, il n'y a pas deux personnes qui pensent de la même façon, ressentent de la même façon ou apprécient les choses de la même façon. Nos personnalités, nos expériences personnelles et nos échelles de valeurs, mises ensemble, font de chacun d'entre nous un être unique. Même si deux personnes partagent les mêmes sentiments, les mêmes expériences et les mêmes connaissances de la vie, même si ces deux personnes forment une seule «unité» face à la vie, elles restent quand même sujettes à des différences génératrices de conflits.

Notre point de vue personnel nous empêche de voir exactement le point de vue des autres. Personne n'est absolument sûr d'être compris correctement. Il y a en chacun de nous un mystère personnel, profondément complexe, déroutant, jamais tout à fait compris ni exprimé. Il est à la fois inconscient et préconscient, personnel et collectif. Ce mystère fait de chacun de nous une créature unique au monde.

Comme nous sommes seuls, égoïstes et secrets! Même si les deux époux ont partagé le même oreiller pendant quarante ans et se croient unis pour toujours, pleure-t-elle quand vous avez votre attaque de goutte ou gémit-il quand vous avez mal aux dents?

Je n'emploie pas le mot conflit dans le sens brutal d'agression ou d'hostilité aveugle. Je n'y recours pas pour désigner le droit d'écraser une autre personne et de la diffamer. Personne n'a ce droit, même si d'aucuns voient dans ce mot des connotations de punition et de revanche.

Un conflit peut être juste ou injuste. Il peut être bon autant qu'il peut être mauvais. Il peut être l'expression de la vérité comme il peut être l'expression du mensonge.

En relations humaines — et nous sommes ici concernés par les relations conjugales — nous savons que le conflit peut être bénéfique et créateur.

Deux époux peuvent avoir appris dans leur enfance que la dispute est à éviter. Ils sont peut-être d'avis que le vrai sens du mariage est l'harmonie à tout prix. Les gens élevés dans cette tradition prétendent probablement n'avoir jamais entendu leurs parents se quereller l'un l'autre. Ils se sentiront donc coupables si leur propre mariage est ponctué de «discussions» occasionnelles, parce que ce n'est pas beau, tranquille ou «céleste».

Chaque sentiment de révolte sera accompagné d'un sentiment de culpabilité. Plusieurs de ces gens portent sur leur visage un sourire factice. Ils rient extérieurement tandis qu'ils pleurent intérieurement. Ils tentent de vivre dans un conte de fée basé sur la négation des frustrations et des irritations mutuelles. Le conflit recèle de forts sentiments de révolte et de menace personnelle et personne ne peut être un amoureux avec de tels sentiments.

Les enfants élevés dans un pareil ménage auront du mal à s'adapter à la vie réelle. Ils seront mal préparés pour affronter les batailles de la vie dans une société discontinue et pluraliste. Ces enfants deviendront gentils, passifs et effrayés par la vie.

On peut être relativement certain que les gens de ces familles sont rarement témoins de scènes d'amour réel. Chacun se croit aimé et croit qu'il y a de l'amour à la maison. Mais ils ne savent pas s'il y a réciprocité de sentiments entre eux : est-ce de l'amour ou de l'indifférence, de la tendresse ou de la colère ? La vie en commun n'est pas excitante. Leurs relations familiales sont faites d'apathie et d'ennui bien qu'autour d'eux on les croie gentils l'un pour l'autre.

Souvent les conseillers et les curés entendent ces paroles : « Je ne suis pas certain de savoir ce que c'est que l'amour. » Dans ces cas, l'amour est peut-être tellement submergé par l'hostilité qu'on ne peut le reconnaître. Ce n'est qu'en grattant le vernis des bonnes manières, pour permettre aux partenaires de faire voir leurs vrais sentiments, qu'on sait s'ils s'aiment ou se détestent. Les paroles de Rollo May décrivent bien cette situation :

Une chose qui étonne toujours les époux en thérapie c'est qu'après avoir admis leur hostilité, leur animosité, voire leur haine l'un pour l'autre, après avoir même déblatéré l'un contre l'autre pendant une heure, ils finissent souvent par reconnaître aimer encore leur partenaire. Un patient peut venir exprimer ses sentiments négatifs, qu'il a d'ailleurs gardés pour lui jusque-là, comme un homme bien élevé doit le faire, il découvre qu'en supprimant son agression envers son conjoint, il avait du même coup réprimé son amour pour lui ou elle. Le positif ne peut sortir que si le négatif sort également. La haine et l'amour ne sont pas des sentiments qui se repoussent ; au contraire, ils vont souvent de pair, particulièrement en cet âge de transition que nous connaissons.

Le soi dans le conflit

Nous devons être honnêtes envers nous-mêmes. Nous devons évaluer nos propres forces et nos propres faiblesses et apprendre à nous respecter nous-mêmes. Si nous n'arrivons pas à régler d'une manière satisfaisante le conflit qui nous assiège intérieurement, alors nous le ressentons physiquement. Nous avons moins d'énergie. Des malaises et des douleurs nous envahissent, et la souffrance exprime à notre place ce que nous aurions dû admettre tout haut. Au cours des dernières années, la médecine psychosomatique a appris à traiter avec succès ces types de problèmes. Dans une conversation récente, un technicien d'ordinateur raconta ce fait :

J'ai passé une misérable semaine au travail. De nouveau, mon ulcère fait des siennes et il y a, au bureau, un type qui est un vrai casse-pieds. Il rend la vie impossible à tout le monde, et il est bien placé pour continuer : c'est le neveu du patron.

Si nous sommes déchirés en nous-mêmes et incapables de résoudre nos conflits intrapersonnels, à plus forte raison aurons-nous de la difficulté à résoudre nos conflits interpersonnels.

La liberté de la personne, la paix intérieure, ne nous sont pas données par surcroît. Mais si nous recherchons honnêtement tous les jours notre liberté personnelle en tentant de maîtriser nos sentiments, nous pouvons croître en sagesse. Le monde intérieur de chacun exige constamment qu'on apprenne et qu'on s'y ajuste.

Dans ce processus, nous avons à batailler contre des exigences, des chocs, des frustrations, des conflits et des confrontations. Nous devons nous y ajuster avec honnêteté et confiance. Si nous nous adaptons avec satisfaction, nous nous élevons à un autre palier de la conscience. Nous nous aimons davantage et nous respectons nos propres sentiments. C'est là le commencement de notre re-naissance, de notre propre croissance et de notre liberté. À partir de ce point, nous sommes plus libres de nous élever dans l'amour et dans la bonne volonté envers les autres.

Seuls, ou face aux autres, nous subissons en nous-mêmes l'alternance de l'aliénation et de la réconciliation. Ce processus se répète plusieurs fois par jour parce que nous sommes des créatures fragmentées. Si nous apprenons à accepter nos impulsions, sans nous en effrayer ou nous les nier, nous atteindrons à une plus grande liberté et à un plus grand épanouissement. Et, par le fait même, nous apprendrons à accepter les réactions des autres, ce qui améliorera notre compréhension humaine. Récemment, une mère de six enfants me dit :

Je me sens beaucoup mieux envers moi-même et envers mes enfants depuis que j'ai cessé de cacher mon irritation et mon désappointement, comme je le faisais autrefois. Je ne me sens plus différente ; presque tout le monde ressent ce que je ressens. Le simple fait de les admettre m'aide à m'adapter.

Que faire d'un conflit matrimonial ?

Nous ne devrions pas craindre les conflits. Les aléas de la vie nous mettent en contact avec des gens dans le but de nous faire connaître des expériences enrichissantes.

Le jeu de la fuite devant les conflits est souvent caractérisé par *qui* se sert de *quoi* pour dominer l'autre.

La manipulation d'une personne par une autre personne devient un moyen égoïste de contrôle qui enraye la croissance et diminue la liberté.

J'ai vu récemment un couple dans la quarantaine avancée, marié depuis 25 ans. Les six dernières années avaient été misérables pour les deux au point qu'ils envisageaient le divorce. Leur union s'était maintenue dans un climat de guerre froide. Devant leurs amis, ils se comportaient comme si tout allait bien. Ils fréquentaient l'église une fois la semaine et participaient à ses activités. Pourtant, ils allaient en vacances l'un sans l'autre, faisaient chambre à part, et se parlaient rarement. L'homme aimait travailler tard le soir au bureau pour éviter sa femme. La femme avait sombré dans l'alcoolisme au point que la plupart du temps elle buvait seule.

Ils avaient, de temps à autre, de violentes discussions. Une fois ces crises passées, chacun d'eux se retirait derrière les barricades de la guerre froide. Ils ne mangeaient même pas ensemble, pour ne pas se rencontrer.

Il commença à passer de plus en plus de temps chez ses voisins immédiats que d'ailleurs il détestait. Deux fois la semaine, ils faisaient la fête jusqu'aux petites heures du matin.

C'est elle qui voulut sauver leur mariage. Cependant, à la deuxième interview, le mari confessa ne plus vouloir rester marié.

Il avait été incapable d'exprimer ses sentiments pendant la presque totalité de leur vie conjugale. Elle niait qu'il y eût conflit et se conduisait comme si de rien n'était. Il s'accommoda de cette attitude en cachant son désenchantement grandissant. Il «explosait» une ou deux fois par année. Il devait laisser échapper de la vapeur, disait-il, mais s'excusait par la suite. Ces scènes lui causaient des remords. Alors, il en vint à conclure que la seule façon de se comporter en cas de conflit dans le mariage était de refouler ses sentiments. Il ne connaissait pas d'autre solution. De son côté, elle tenait leurs sentiments antagonistes pour une menace à leur mariage.

Ces temps derniers, elle revint. Aussitôt entrée dans mon bureau, elle fondit en larmes. Le jour précédent, elle avait reçu de la Cour un ordre de comparaître dans l'affaire de divorce demandé par son mari. Toujours en larmes, elle dit ne pas comprendre la raison de tout cela. Et comme beaucoup d'autres, elle dit n'avoir rien à se reprocher. Elle apprit, mais trop tard, que si les querelles ne sont pas constructives, elles risquent d'être destructives. La négation passive du problème constitue un excellent moyen de tuer un mariage.

On rencontre souvent des cas comme celui-là. La société moderne permet, plus que celle d'autrefois, aux époux d'âge mûr de mettre un terme à leur mariage. La plupart d'entre nous peuvent nommer un ou deux couples d'amis qui mettent fin à leur union conjugale après plusieurs années de vie commune.

Nombreuses sont les personnes qui, ayant connu le bonheur au début de leur mariage, continuent de croire en leur compatibilité et leur satisfaction. C'est en partie ce qui nous occupe ici. Les suppositions sont mortelles dans toutes les relations humaines. On ne devrait pas s'en satisfaire longtemps. Arrêtez et vérifiez-les. Ayez-en le coeur net en discutant de vos suppositions à haute voix.

Quand une séparation se produit, les amis en sont ordinairement étonnés. On comprend difficilement le fait qu'un mariage puisse mourir lentement quand l'un ou l'autre des époux ne peut atteindre la maturité. Un mariage peut s'effacer aussi facilement qu'il peut exploser.

L'importance d'être attentif

Les nouveaux-nés ne peuvent se développer sans soins attentifs et sans chaleur. Sans soins, ils tombent malades et meurent. Les adultes, eux aussi, ont besoin d'être soignés. Pas comme on soigne les nouveaux-nés et les jeunes enfants. Mais les adultes ont besoin de soins et de nourriture en termes d'attention constante par leurs semblables. Ce besoin ne se termine jamais.

La plupart des problèmes entre époux proviennent du manque d'attention mutuelle. La personnalité de chacun, ajoutée à la difficulté de communiquer, expliquent souvent la détérioration du mariage. Un conflit qui n'est pas réglé ou qui est mal réglé ne peut que s'aggraver.

Nous ne pouvons pas oublier un problème, le glisser sous le tapis, ou bien supposer qu'il s'en ira de lui-même.

Si le mariage est insatisfaisant pour l'un ou l'autre des conjoints, le conjoint brimé cherchera sa satisfaction ailleurs. Voilà pourquoi un si grand nombre d'époux d'âge mûr dissolvent leur union et cherchent de nouveaux compagnons ou de nouvelles compagnes capables d'attention.

De nos jours, les époux malheureux peuvent trouver de l'aide plus facilement qu'autrefois. On rencontre un nombre grandissant de ménages qui ont besoin de conseils pour sortir de l'ornière. Un époux ou l'autre cherche de l'aide. C'est ordinairement l'épouse. On ne doit pas avoir honte de cette démarche. Périodiquement, nous faisons vérifier et réparer nos voitures et nos machines à laver. Pourquoi devrions-nous laisser les relations matrimoniales se détériorer ?

Il n'y a pas de relations plus belles que les relations amoureuses entre mari et femme. Aucune autre relation ne peut être plus enrichissante et complète.

Le grand amour n'arrive jamais comme ça, tout naturellement. La cérémonie de vingt minutes ne comporte rien de magique qui puisse assurer automatiquement le bonheur perpétuel des deux conjoints. Les époux rendus à mi-chemin de leur vie matrimoniale le savent très bien. Combien de fois ne l'avons-nous pas répété à nos enfants ? Pourtant, pour de nombreux autres époux, est un thème qu'on retrouve en filigrane tout au cours de leur union : nous n'avons qu'à laisser aller les choses et elles marcheront bien tout le temps.

En conséquence, il est difficile d'atteindre à l'amour conjugal et à la pleine confiance mutuelle ; le domaine des sentiments est un domaine si délicat. Voyons trois genres de solutions à des conflits, vu dans la perspective de l'épanouissement des époux.

La communication dans trois genres de conflits

De nos jours, le mariage est un engagement de deux personnes qui se sentent égales et qui partagent un même amour. Il y a vingt ans, on se mariait pour avoir des enfants, pour maintenir la tradition familiale, ou parce que c'était la chose à faire. Presque tout le monde se mariait.

Par le mariage, les adultes trouvaient le moyen de participer à ce qu'Erik Ericson appelle la « générativité ». Nous mettions au monde la génération suivante qui elle-même continuait la tradition.

Aujourd'hui, beaucoup de jeunes gens ne veulent pas se marier, ou s'ils se marient, ce n'est pas principalement pour avoir des enfants et perpétuer la tradition familiale. Les gens modernes cherchent l'amour dans des relations intimes car plusieurs d'entre eux craignent les contrats. Mais quand ils se marient, c'est pour se donner un compagnon ou une compagne d'égal à égal.

Quand nous continuons de chercher le grand amour, nous apportons à nos rapports amoureux, l'ouverture d'esprit, l'intimité et la confiance. Mais plus nous approchons de quelqu'un, plus le rapport amoureux est menacé. Quand deux personnes sont mises face à face, il est inévitable qu'elles découvrent, chacune chez l'autre, des différences qui peuvent être abrasives.

Souvent les différences se muent en discordances. Mineures au départ, ces différences peuvent paraître sans importance. Mais si elles ne sont pas reconnues, elles peuvent devenir des différences majeures. En dynamique humaine, surtout si nous discutons d'affaires interpersonnelles, nous faisons souvent allusion à la tyrannie du quotidien. Les petites choses nous taquinent un peu mais, à la longue, nous les entreposons. Alors, nous nous sentons surchargés et nous nous insurgeons contre elles.

Certaines personnes se querellent si âprement pour ce qui leur apparaît des broutilles qu'elles n'osent même pas en parler à ceux dont la fonction est de les aider. Il ne faut pas oublier que, souvent, les petits incidents sont porteurs de sentiments. Et si nous ne savons pas ce que sont ces sentiments, nous pouvons nous retrouver bientôt en difficulté.

On compte trois moyens fondamentaux d'affronter l'emportement dans le mariage.

1 — Le premier est traditionnel. Par ce moyen, vous apprenez à supprimer le conflit. Vous essayez de l'oublier ou d'agir comme s'il n'était pas important. C'est là le moyen facile et, paraît-il, le moyen civilisé, le moyen chrétien.

Mais les petites rancoeurs continuent de s'accumuler dans des endroits et à des moments inattendus. Vous n'avez pas beaucoup d'énergie devant la vie ou devant vos rapports conjugaux ? Alors, vous philosophez : vous oubliez la chose en invoquant votre âge, votre calendrier de travail, ou la vie en général.

Ou bien, vous recourez au sarcasme, le faisant passer pour de l'humour. Mais c'est injuste puisque ce genre de communication a pour but de détruire.

George Bach, qui a beaucoup écrit sur le sujet et conseillé beaucoup de gens, dit de cette méthode traditionnelle que c'est «avaler du poison». Non seulement cette méthode vous détruit, mais elle détruit également le rapport. La colère silencieuse peut très bien trouver une issue dans des expressions passives et agressives.

Un homme de mes connaissances fabriqua, à la demande répétée de sa femme, une armoire de cuisine. Mais, volontairement, il prit les mauvaises mesures. S'il lavait la voiture de sa femme, il la lavait à moitié. Parfois, il s'enivrait à la taverne près de chez-lui, juste pour mettre sa femme en colère. Son problème? Il ne pouvait jamais dire à sa femme qu'il était furieux contre elle.

2 — Un deuxième moyen d'affronter l'emportement ou la colère dans le mariage, c'est de l'exprimer ouvertement. Toutes les fois que vous êtes contrarié par votre conjoint, vous le laissez savoir tout haut et tout de suite. Le message à retenir de ces expériences, c'est qu'il est juste et raisonnable de révéler vos désagréments, honnêtement, ouvertement et rapidement, n'importe où et n'importe quand, et touchant tous nos rapports. Étant donné que la plupart d'entre nous tremblent à la pensée d'un conflit, il est préférable d'apprendre à exprimer nos sentiments sur le champ, justement pour l'éviter.

Cette manière comporte aussi ses désavantages. L'expression brutale de la colère chez l'un entraîne la colère chez l'autre. Des émotions telles que la colère suscitent la sécrétion d'adrénaline dans le sang, ce qui peut provoquer une seconde et troisième vague de colère et de ressentiments. Une telle manière de se battre a pour but de terrasser l'autre personne, au risque de renforcer sa colère et de diminuer son amour-propre.

Cette tactique amène souvent les couples à se lancer de la vaisselle à la figure. À pareils moments, c'est fou comme ces époux sont dotés d'une mémoire prodigieuse. Quand les tempéraments touchent les registres aigus, chaque combattant peut décliner tous les péchés qui ternissent le passé de l'autre. Une façon sûre de détruire quelqu'un, c'est de déballer toutes ses erreurs passées, puisque personne n'y peut plus rien. Voir les erreurs de l'autre à travers la lorgnette de la colère ne fait qu'augmenter ses frustrations — perte de respect et d'estime, sentiment de culpabilité.

Mis à part les sujets de querelles, quand la colère nous habite, nous ne sommes préoccupés que d'une chose — nous justifier en incriminant l'autre personne. Les pensées irrationnelles nous aveuglent et nous perdons toute objectivité.

Tenter de résoudre ses problèmes de cette façon exige beaucoup d'énergie. Nous nous épuisons à la tâche.

Les gladiateurs doivent finalement déposer les armes. D'ailleurs, les sentiments qui résultent du combat ne valent pas l'énergie dépensée. Chez certains couples, la réconciliation est possible après un tel procédé; il faut à chacun un puissant ego et une haute résilience. Mais un plus grand nombre de couples sont d'avis que l'intimité s'affadit, l'amour se fragmente et l'érosion continue d'attaquer le mariage. La plupart des gens mariés ne savent pas demander pardon. (La miséricorde peut être un pesant fardeau si le miséricordieux ne sait pas oublier!)

Ce ne sont pas tous les couples qui connaissent les tourments de George et Martha dans *Qui a peur de*

Virginia Woolf? Vous vous souvenez avec quelle recherche chacun s'emploie à humilier et à détruire l'autre ?
C'est là l'exemple extrême de la destruction réciproque,
un exemple qui dépasse presque les bornes de la compréhension normale.

Exprimer ses sentiments négatifs ouvertement et
sans crier gare peut être aussi nocif que de les supprimer
ou de les emmagasiner. Mais on connaît un autre genre
de solution pour résoudre les désaccords. À mon avis, il
est de beaucoup supérieur aux deux autres par sa
contribution à la santé mentale et spirituelle.

3 — Le troisième moyen d'affronter le conflit en est
un auquel je souscris. Il donne de bons résultats pour
autant que les deux époux acceptent les règles du jeu.

Nous devons être ouverts et honnêtes envers nous-
mêmes. C'est folie que de nier nos impulsions. Les
impulsions, les menaces, les conflits de toutes sortes, de
même que les sentiments cordiaux et positifs sont
importants à l'épanouissement de la personnalité. Nous
devons donc rester attentifs à tous sentiments, bons ou
mauvais, qui nous habitent. Mais c'est à nous de décider
de la façon d'y faire face. Quelle que soit la situation
déplaisante dont nous sommes victimes — le mari qui
oublie le dîner promis à sa femme, ou la femme qui
apprend à son mari l'accident qui a réduit leur voiture en
pièces détachées —, il nous faut tenir pour « bons » les
sentiments qui en découlent. Rendez-vous compte de
votre colère. Dites à quelqu'un que vous êtes furieux.
Vivez votre ressentiment pendant un moment. Dites-
vous à vous-mêmes comment vous vous sentez. Ensuite,
cherchez le moyen le meilleur de le dire aux autres.

Le processus physique de la menace est automati-
que. Il nous est impossible de ne pas réagir aux situations

désagréables, aux mauvaises nouvelles ou aux expériences pénibles. La réaction immédiate en est donc une de colère. Les glandes surrénales du corps humain sécrètent directement dans le sang, en pareilles circonstances, une hormone, l'adrénaline, qui mobilise nos moyens de défense. Ce phénomène biologique se produit, que nous refoulions ou que nous extériorisions nos sentiments.

On peut apprendre à identifier ses sentiments afin de les mieux contrôler. On peut apprendre à les accepter comme normaux.

Les sentiments humains sont réels et conformes aux faits — tout aussi réels et conformes que toute autre force physique dans la vie. En conséquence, nous devons donc apprendre à accepter nos sentiments et nos impulsions.

Quand un enfant se sent en colère, ses parents ne devraient pas lui dire qu'il n'est pas bien de se mettre en colère. L'enfant a droit à ses propres sentiments, quels qu'ils soient. De même en est-il des époux. C'est là un fait et nous devons apprendre à le reconnaître.

Quand notre prise de conscience nous permet d'atteindre ce palier, nous pouvons passer à l'autre palier. Reconnaître les sentiments, c'est se donner d'autres moyens de les affronter. Le moyen le meilleur consiste à faire savoir clairement au responsable de votre attitude que son geste vous a offensé. Dans ce message, vous dites simplement en quoi et par quoi vos sentiments ont été heurtés.

Laissez-moi vous citer un exemple :

Le mari :   Carol, je suis très fâché de ce que les enfants laissent traîner mes outils dans la cour. C'est la troisième fois cette semaine. Tu ne peux pas voir ce qu'ils font quand je suis au travail toute la journée? *(Le mari envoie un message clair au sujet de sa colère et mettant sa femme en cause.)*

La femme : Je te comprends. C'est si difficile d'être patient avec eux. *(La femme écoute et ne s'emporte pas, même si elle est accusée.)*

Le mari : C'est la troisième fois cette semaine et j'en ai assez. Je souhaiterais que les enfants prennent plus soin de mes choses. *(Le mari est encore fâché mais préfère ne pas s'en prendre aux enfants ni continuer d'accuser sa femme.) Il réfrène ses impulsions, se rappelant que tous les enfants sont oublieux. Il l'était probablement lui-même quand il était gamin. Il préfère changer d'attitude : il ne veut pas orienter sa colère vers la punition des enfants ; il préfère arrêter là.*

La femme : Allons dehors leur montrer comment ranger les choses. Allons leur dire que nous ne sommes pas contents d'eux. *Elle choisit de faire l'effort supplémentaire de sortir avec son mari et d'aider les enfants à ramasser les outils. Elle aurait pu leur crier par la porte de la cuisine, ou les menacer. Mais Carol préféra un meilleur moyen et voilà un problème de résolu.*

En pareil cas, le mari aurait pu faire de sa femme le bouc émissaire de son emportement, l'accusant de négligeance envers les enfants. Elle aurait pu réagir violemment en récitant la longue litanie de ce qu'elle avait fait ce jour-là ; ajoutant qu'elle avait eu bien d'autres choses à faire que de surveiller les enfants. Elle aurait pu lui reprocher de ne pas avoir mis ses outils sous clé, retournant ainsi la responsabilité sur son mari. Si l'un d'eux avait décidé (et je crois que, volontairement, nous nous montrons plus agressifs qu'il ne le faut) de livrer une vraie bataille sur ce sujet, ils se seraient mis en colère tous les deux. Ou encore, le mari aurait pu sortir en trombe de la maison, attraper l'enfant le plus proche et lui donner une râclée.

Les gens qui réagissent, souvent avec excès, aux impulsions premières choisissent un moyen enfantin de traiter la colère. On peut contrôler un tempérament coléreux. On n'hérite pas de ce tempérament, contrairement aux dires de plusieurs personnes. Si nous avons un tempérament coléreux, c'est que nous avons appris à le laisser «exploser» et que nous pouvons apprendre, de la même manière, à le maîtriser.

Pourquoi retourner ses émotions vitales contre son conjoint? On ne devrait pas juger les enfants d'après le barème des adultes pas plus qu'on ne devrait les soumettre à la colère des grands. Même s'ils ont enfreint la loi, la Justice les traite comme des enfants.

Apprendre à mieux communiquer

Le docteur Thomas Gordon a mis au point une technique pour enseigner l'art de communiquer plus efficacement. Elle s'adresse surtout à la communication parents-enfants, mais elle est utile également dans la communication entre conjoints, entre voisins, et autres.

À l'état brut, les émotions font peur, menacent et cherchent à détruire. La personne à qui ces émotions s'adressent se sent cernée, écrasée et souvent diminuée. Mais recourir à des moyens d'expression plus appropriés, bien que conformes à ce qu'on ressent, c'est faire preuve de subtilité dans le règlement de ses conflits matrimoniaux ou familiaux. Par cette méthode, nous apprenons:

1- à « écouter activement » et à « sentir les messages »

2- à être honnête

3- à rester confiant même si l'autre dépasse les bornes

4- à rester disponible pour l'autre

5- à manifester de la tendresse, même si l'on est en conflit

6- à éviter de réagir avec emportement

7- à éviter l'entêtement

8- à reconnaître ses erreurs

9- à pardonner

10- à faciliter la solution

Si vous mettez ces conseils en pratique, lors de vos conflits interpersonnels, le problème est vaincu. Et vos rapports continueront de s'améliorer. Par contre, si les gens mariés ne peuvent agir ainsi, leur mariage restera stagnant. Le passage de la solution destructive à la solution constructive des conflits matrimoniaux et familiaux exige le respect des quatre règles élémentaires suivantes :

1- Identifiez la raison profonde de votre querelle.

2- Essayez de comprendre le point de vue de l'autre. (Après tout, vous ne pouvez le *comprendre* si vous continuez à parler quand l'autre parle.)

3- Communiquez vos sentiments avec authenticité, ouverture d'esprit et précision.

4- Apprenez à négocier et à faire des compromis (désarmez votre propre entêtement).

L'art d'être attentif

Il est essentiel de savoir communiquer si l'on veut

*non seulement préserver mais enrichir son amour con-
jugal.* Il y a également d'autres choses, plus ou moins
compliquées, à apprendre. Par exemple, apprendre à
vivre avec des enfants. Et bien sûr, apprendre à devenir
un partenaire sexuel patient et amoureux.

- La maîtrise de soi est une nécessité impérieuse
du mariage.

- Sans la maîtrise de soi, c'est l'échec.

- Il faut savoir dire NON à certains sentiments et à
certaines émotions.

- Il faut savoir *raffiner* certains sentiments et certaines émotions.

- Plus important encore, il faut apprendre *à cana-
liser* ses sentiments et ses émotions vers un *but
utile.*

- Au lieu de s'en prendre à son partenaire, il faut
savoir utiliser cette énergie à bâtir de meilleurs
rapports conjugaux.

Peut-être dira-t-on — en haussant les épaules — seul
un saint peut se conformer à un tel programme. C'est là
une attitude défaitiste. Nous ne sommes jamais trop
vieux pour croître ni trop bornés pour reconnaître nos
erreurs. Vous pouvez trouver la volonté de changer. Vous
pouvez apprendre à être attentifs aux autres.

Il est vrai que plusieurs d'entre nous ont été, en cette
matière, mal formés par leurs parents ou d'autres adultes
qui leur ont servi de modèles dans leurs années d'enfance.
Alors, corrigez la situation. Même à 50, 60 ou 70 ans,
nous pouvons modifier notre conduite, changer d'idées
ou apprendre de nouveaux métiers. Nous pouvons
continuer de croître et de nous épanouir si nous recon-
naissons notre besoin de « désapprendre » nos mauvaises
habitudes et d'en apprendre de nouvelles, positives et

salvatrices, afin de pratiquer avec succès, l'art difficile de vivre en société. Ce qui veut dire :

- Soyez attentif.
- Soyez un auditeur patient.
- Écoutez la musique et la douleur dans le coeur de l'autre personne.
- Faites savoir aux autres personnes que vous les comprenez.

Les autres vous regardent

Les enfants sont les disciples de leurs parents. Les époux disciplinés inspirent leurs enfants, leurs amis, et les autres personnes.

Même à l'âge avancé, et tout au long de notre vie conjugale, nous devons nous ajuster. Les conflits entre époux peuvent venir de sources internes ou externes à leurs rapports interpersonnels. L'ouverture d'esprit, la faculté de communiquer et l'attention qu'on porte aux autres déterminent l'édification subtile et complexe d'un rapport d'interdépendance entre deux époux. Dans ce rapport, les conjoints doivent :

- Satisfaire — chaque jour — les besoins de l'autre.
- En tout temps, soutenir le besoin d'amour-propre de l'autre.
- Aider l'autre à cultiver ses talents personnels, sociaux et professionnels.

De tels rapports ne sont jamais le fruit de la génération spontanée. Ils ne se développent que si les deux conjoints le veulent vraiment et s'ils manifestent la patience et la confiance mutuelle voulues.

CHAPITRE 5

POUR CONSERVER L'AMOUR PHYSIQUE DANS LE MARIAGE

Tout amour vrai est fait de quatre parties : la *libido,* ou la concupiscence ; l'*eros,* ou la personnalisation du désir sexuel ; l'*amitié*, et finalement l'*agape,* c'est-à-dire le don de soi.

Nous ne pouvons séparer ces quatre facettes de l'amour si nous voulons comprendre la vie amoureuse des époux. Cette vue globale de l'être humain ouvre la porte à une nouvelle compréhension de la sexualité ainsi qu'à une nouvelle approche des rapports sexuels dans le mariage.

Tout être humain est un être sexuel. On ne peut concevoir une personne sans sexe. Le sexe est une réalité de la création. Par conséquent, le désir sexuel et l'acte sexuel font partie de la nature humaine.

Faire l'amour par plaisir ou pour mettre des enfants au monde n'est pas seulement acceptable mais essentiel. On ne devrait donc pas avoir honte de ses impulsions sexuelles. Se rendre compte de ses besoins sexuels constitue un acte de normalité et de responsabilité. C'est une erreur de se les cacher. La négation de nos impulsions sexuelles corrompt nos esprits et refrène notre épanouissement.

Les couples mariés depuis vingt ans se comportent rarement comme des nouveaux mariés. L'activité sexuelle varie selon l'âge, les responsabilités, la santé, l'attitude face au sexe et la créativité de chacun. Chez les jeunes mariés, l'acte sexuel atteint souvent les sommets de l'extase. À l'âge moyen, les résultats varient de l'absence de jouissance au parfait contentement.

Chez d'autres, enfin, on constate un besoin plus marqué d'expression sexuelle à mesure que l'âge avance. Malgré des coïts moins fréquents, on dirait qu'ils ont un besoin accentué de tendresse, de caresses et de tout ce que l'intimité permet.

L'acte sexuel peut être enrichissant, traumatisant, fade ou complètement désagréable. Ce qui fait la différence, c'est la qualité des échanges que les époux apportent à leur vie sexuelle. L'enrichissement des relations sexuelles dans le mariage n'est jamais le fruit du contrat notarié ou de la génération spontanée. Chaque époux doit y investir du temps, de l'intimité et des échanges satisfaisants pour les deux.

Le sexe à son image et à sa ressemblance

À mesure que les années passent, plusieurs époux semblent mettre de moins en moins d'enthousiasme dans leurs rapports sexuels. C'est inquiétant. La routine peut rapidement engendrer l'ennui, le mécontentement et l'amertume.

Tout désenchantement dans un secteur ou un autre de la vie conjugale menace la seconde moitié de la vie. Il y a les désagréments du travail. Le rôle des parents a changé sensiblement. Les adolescents quittent la maison. La vie matrimoniale s'en trouve assiégée au moment où, au contraire, elle aurait besoin d'un nouveau départ.

Plus la famille est unie, plus l'homme et la femme, en tant que parents, ont du mal à voir leurs enfants quitter le foyer pour faire leur vie. Même si souvent on se retire difficilement du rôle de parents, c'est quand même là le premier rôle qu'on doit abandonner dans la vie familiale. Pourtant, il reste aux époux encore de nombreuses années à vivre. Mais, souvent, on n'apprécie pas ce qu'on a : c'est-à-dire l'un l'autre. On ne s'arrête pas aux ressources disponibles à l'enrichissement de son amour conjugal.

On se sent vieillir, l'amour conjugal semble souvent une habitude, une manière platonique de coexistence. Souvent, on ne se contente que de conserver ce qui reste du mariage.

Les craintes psychologiques de la « maturité » menacent l'intimité sexuelle. Plusieurs conjoints deviennent asexués pour des raisons émotives telles que l'amour-propre et la confiance. Nous nous voyons tels que nous étions, ce qui nous empêche de nous voir tels que nous sommes.

Le cas de Georges est typique. Georges était un petit commerçant de village. Dans le passé, quand il avait raté une vente ou qu'il avait connu un mauvais mois, il s'en accommodait. À la grande satisfaction de sa femme, il pouvait sublimer sa dépression en affaires en accentuant son intimité conjugale. Dans leurs jeunes années, leurs expériences sexuelles étaient mutuellement satisfaisantes.

Arrivé à l'âge de quarante ans, Georges se sentit incapable de retrouver son enthousiasme d'antan. Il amplifiait son moindre désappointement en affaires. Il commença à se sentir responsable, voire coupable. Il se dépréciait lui-même. Il se voyait comme la moitié d'un homme. Sa capacité sexuelle était limitée. Inconsciemment, il entrevoyait sa faillite amoureuse comme il entrevoyait sa faillite commerciale. À l'instar de plusieurs hommes, Georges établissait un parallèle entre le succès au travail et une masculinité marquée. La société américaine impose à chacun de nous des valeurs utilitaires. Si nous produisons beaucoup dans la société, nous sommes des personnes de valeur. Les mots succès et valeurs ne sont pas synonymes — mais nous les employons souvent comme tels.

Anne, la femme de Georges, ressentait, elle aussi, des difficultés à s'adapter aux changements de la vie. Elle se sentait ouliée de ses enfants — sauf quand ils voulaient lui emprunter sa voiture ou quelque vêtement. Anne se croyait aussi rejetée de son mari. À ses yeux, Georges ne semblait plus s'intéresser à elle. Elle l'enviait : il travaillait avec des gens tous les jours et fréquentait le Rotary et le Kiwanis toutes les semaines.

Anna alla même à supposer que Georges ne l'aimait plus et s'était fait une petite amie. Elle se libérait de ses craintes en lui faisant des scènes. Elle allait même jusqu'à le tourner en ridicule à cause de sa faible virilité et de son incompétence à faire l'amour. Plus elle l'attaquait, plus il devenait inefficace.

Ils étaient emmurés dans un cercle vicieux d'impressions, de sentiments, de comportements que ni l'un ni l'autre n'avait recherché ni ne savait comment en sortir. Ils s'aimaient pourtant encore.

Georges et Anne rescapèrent leur mariage en recourant à des services professionnels. Ils comprirent leurs sentiments mutuels d'anxiété et de dépression et en disposèrent. Ils réapprirent à se parler ouvertement, sans allusions hostiles. Ils se firent part, l'un l'autre, de leurs frustrations et de leurs impressions de la vie. Quand leur attitude de névrosés s'estompa, ils se rendirent compte à quel point ils tenaient l'un à l'autre.

Tous deux se sentirent entrer dans une autre phase du mariage. Leur attitude mutuelle devait être comprise. Leurs rôles devaient être modifiés. Bref, ils durent changer leur perception de l'autre et l'image que chacun se faisait de lui-même. Cette crise de leurs années médianes put être tempérée; leur amour pouvait de nouveau s'engager dans le chemin de l'épanouissement.

Pour Anne, l'attitude de son mari envers elle ne signifiait plus le rejet ou la perte de son amour. Elle se rendit compte, de plus, que son mari ne recherchait pas ailleurs les satisfactions sexuelles qu'il ne pouvait plus trouver chez sa femme. Elle comprit à quel point l'image qu'on se fait d'un autre est fragile.

Ce n'est pas l'âge qui menace les relations sexuelles entre époux : c'est le choc émotif. Et nous avons raison de croire que nous sommes plus sujets aux chocs émotifs pendant nos années d'âge moyen qu'en toute autre saison de notre vie. Notre manière d'affronter les tensions et d'interpréter les conflits qui nous touchent conditionne l'impression que nous nous faisons de nous-mêmes en tant qu'êtres masculins ou féminins.

Si nous acceptons nos responsabilités, dans une attitude d'optimisme et d'équilibre, nous pouvons affronter ces tensions avec méthode, préservant ainsi notre santé mentale, spirituelle et sexuelle. Si, au contraire, nous nous sentons facilement découragés, si nous nous croyons victimes d'une machination inextricable, nous faussons la réalité.

Cette vue déformée de la réalité se transpose sur l'impression que nous nous faisons de nous-mêmes, de notre propre valeur, de notre rôle dans le mariage et de nos anticipations sociales. Nous ne voyons alors que ce que nous voulons bien voir. Nous ne comprenons seulement ce que nous voulons comprendre et ne croyons seulement ce qui nous est prouvé clairement.

Nous pouvons apprendre à nous détester et nous portons alors cette idée destructrice comme un secret dont nous ne pouvons souffler mot à personne.

Dans ces situations difficiles, plusieurs personnes croient devoir changer de conjoint ou de conjointe alors que c'est d'attitudes personnelles devant son système de valeurs qu'il faut changer. La sexualité s'en trouve menacée et la capacité d'expression sexuelle diminuée.

La valeur de l'intimité

L'accomplissement sexuel se transforme en un plus grand échange de tendresse et de caresses à mesure que grandit l'intimité. L'énergie sexuelle a les moyens de se régénérer. Ce n'est pas l'usage qui l'amoindrit mais le mauvais usage.

Les relations sexuelles sont viables ; elles sont même capables de s'améliorer. Le rapport Kinsey nous apprend que les maris dans la quarantaine et la cinquantaine font l'amour à leur femme au moins deux fois par semaine. Master et Johnson ont découvert, dans leur étude, que les époux unis, ayant dépassé les soixante ans, continuent de mener une vie sexuelle satisfaisante.

Le passage des années peut entraîner un plus grand intervalle entre les expressions d'amour physique mais la jouissance n'en est pas atténuée. Les gens d'âge mûr ne doivent pas mesurer l'amour conjugal aux normes de leur jeunesse. Les couples qui mettent l'accent sur le contentement et la joie, la chaleur et la sécurité, font preuve d'attitudes capables de les mener encore loin. Ce sont ces attributs qui enrichissent l'intimité et l'intimité est absolument essentielle à l'amélioration des rapports.

Être intime c'est être un bon ami, aimant, sensible aux besoins de l'autre, enclin à partager. Être intime c'est apporter sa contribution à la maturité du couple, c'est travailler à l'établissement de liens de confiance et d'aide mutuelle. Sans intimité, il est impossible de bâtir des rapports étroits.

L'intimité continue de nous aider à trouver de nouveaux sens à la vie. Par cette expérience, nous savons que nous parlons le même langage émotif. La réciprocité dans l'intimité favorise le rapprochement et la compréhension, ce qui n'exclut pas la passion et la jouissance. Les années médianes peuvent se nourrir d'intimité.

Créez de la nouveauté dans vos manifestations sexuelles

Si le rapport conjugal est sain, il y a place pour des formes créatrices d'intimité sexuelle. Les thérapeutes reconnaissent tous le fait scientifique que l'expression créatrice stimule le désir et le comportement sexuels. Si la vie sexuelle n'est que routine, comme c'est le cas chez tant de gens mariés, le mariage devient une mauvaise habitude, ennuyeuse à supporter mais difficile à briser.

Même après des années de mariage, certains couples n'arrivent pas à communiquer leurs désirs l'un à l'autre. La timidité ou les sentiments de culpabilité fondés sur de fausses attitudes souvent paralysent des désirs sexuels. Si nous sommes habités par de tels sentiments, nous nous sentirons inconfortables devant les actes charnels du mariage. En conséquence, il nous sera difficile d'innover. Mais on peut actualiser la nouveauté et le changement.

On peut vouloir changer, se donner le courage d'apprendre et se permettre une nouvelle liberté et un nouvel abandon dans ses ébats amoureux.

L'absence d'intimité fait mourir l'*eros*. Au contraire, les expériences créatrices nous gardent sur la pente montante de l'épanouissement. Comme le veut le dicton : la variété est le poivre et le sel de la vie.

Les années de l'âge moyen nous permettent d'atteindre un nouveau plateau. Ce qu'il nous faut, c'est d'avancer, non de reculer. Mais nous devons agir avec courage et liberté d'esprit. Le changement est une nécessité de la vie : changement des rôles à la maison et au travail, changement de la perception qu'on a de la vie, changement d'habitudes, de robes — et changement dans la manière de faire l'amour.

Un nouveau parfum, un mot tendre dans le noir, une allusion intime, une nouvelle coiffure, un lit qui rapproche plutôt qu'il n'éloigne, une allure plus provocante, une nouvelle technique — toutes choses qui peuvent donner un nouveau souffle au mariage. Aucun mari ni aucune femme se départit du besoin de changement, d'amélioration et de nouvelles expériences. Ce sont là des facteurs enrichissants de la communication.

Tout comme l'adolescence, l'âge moyen connaît ses crises de croissance. C'est une autre période de la vie où la renaissance est exigée ; renaissance de ses habitudes, de ses sentiments et de ses expériences. C'est une période où l'on n'éprouve pas nécessairement une diminution du besoin sexuel, mais un changement ; un changement qui peut être stimulé par des approches créatrices et un désir de continuer de plaire, de taquiner et de personnaliser son *eros*.

Vous avez investi des années l'un dans l'autre. Il est important que ces investissements rapportent maintenant et dans l'avenir. Si vous êtes sûrs que le mariage rapporte, votre intimité et votre accomplissement sexuel sont complets. Si tel n'est pas le cas, les individus concernés s'évadent dans la rêvasserie et la tentation de chercher ailleurs la satisfaction de leurs besoins sexuels.

Alors, ils deviennent moins humains, se voyant comme les laissés pour compte de la vie. Aigris, ils vivotent, tolèrent les gens, et cherchent leurs plaisirs dans le contenu de leur réfrigérateur.

Les facteurs importants pour une vie sexuelle saine

Des études récentes faites auprès de gens mariés démontrent que 50 pour cent des couples sont mécontents de leur vie sexuelle. Au moment d'arriver à la quatrième décennie de leur vie, un plus grand nombre encore révèlent leur insatisfaction. Dans un nombre surprenant de cas, le mari et la femme ne s'entretiennent jamais l'un l'autre des choses du sexe. Souvent, le mari ne se rend même pas compte que sa femme n'a pas joui autant qu'elle l'aurait pu. On dirait que les femmes sont plus douées que les hommes pour endurer la routine et l'ennui. Certaines vont même jusqu'à croire que l'important, c'est de satisfaire leur mari.

Certaines épouses ne veulent pas faire voir leur insatisfaction, craignant de décourager leur mari et même de le rendre impuissant. D'autres épouses ne discutent pas de leurs besoins, par crainte que le «démon de midi» n'attende leur mari au tournant et les pousse vers des femmes plus jeunes, non seulement en pensée mais en fait.

La renaissance de votre mariage est une possibilité

réelle. Il faut d'abord comprendre quatre facteurs fondamentaux.

Premièrement — Vous devez inventorier vos attitudes personnelles sur la valeur de la chose sexuelle. Vous devez le faire honnêtement et sans préjugés. Peut-être avez-vous été inhibés, apeurés, aigris, tenus dans l'ignorance du sujet de la valeur de l'activité sexuelle, de *votre* activité sexuelle. Combien parmi nous ont été élevés dans la croyance que les relations sexuelles sont un péché, ou bien qu'on doive, au mieux, s'en accommoder parce que c'est nécessaire à la procréation.

Plusieurs personnes perçoivent la sexualité d'un oeil trop critique et d'un esprit faussé. D'aussi loin que de saint Augustin, l'Église a fait très peu pour préparer et encourager ses membres à adopter des attitudes saines sur leur corps, spécialement sur leurs organes sexuels. Platon enseignait que la nature de l'homme était double : que l'âme ou l'esprit est divin et que le corps est quelque chose qu'on doit tolérer. Le corps est une enveloppe incompatible à l'esprit, tout comme la cage l'est pour l'oiseau désireux de s'envoler.

La plupart des chrétiens ont été influencés par un concept héllénique à leur sujet, parce que le dualisme de Platon a orienté une bonne partie de la prédication chrétienne. On tombe vite dans des attitudes irréalistes : nous devons tolérer notre corps, nous en servir mais reconnaître son peu de valeur.

Nous vénérons l'âge — et nous continuons de diviser l'être en deux parties : le corps et l'âme. Nous grandissons dans la confusion au sujet de notre identité. Nous sommes des puritains, effrayés par nos impulsions, nos sentiments et nos besoins physiques. Nous en sommes arrivés à croire que seule l'âme est pure ; le corps, lui, est contaminé par le péché. Si l'âme vit en constante opposition avec le corps, il n'est pas étonnant que le sexe soit tenu pour sujet de honte.

Saint Augustin, ce Père de l'Église qui vécut au sixième siècle, enseignait que les rapports sexuels constituent le premier vrai péché de l'homme. En conséquence, nous nous sommes mis à croire que le péché nous était légué par un processus biologique, comme si c'était une question de gènes ou de contamination physique découlant des échanges sexuels de nos parents.

La seule chose dont nous devons avoir honte, c'est la confusion engendrée par les enseignements de l'Église sur ce sujet. Que de gens ont souffert au cours des siècles à cause d'attitudes faussées par une mauvaise interprétation et un enseignement erroné.

Si vous avez à discuter de ce sujet, recherchez l'aide de personnes en qui vous avez confiance et que vous respectez. Posez des questions, prenez des risques et modifiez vos attitudes. Personne n'est tenu de rester enfermé dans des schémas de pensées qui dévalorisent. La vie tout entière doit être glorifiée, y compris la vie sexuelle.

Deuxièmement — Vous devez vous renseigner. Non seulement les gens entretiennent des attitudes irréalistes sur la sexualité, ils sont largement ignorants en matière sexuelle.

Nous devons savoir que le sexe est une partie fondamentale de la personne humaine. Nous devons comprendre comment la sexualité masculine diffère de la sexualité féminine. Le sexe joue un rôle foncièrement différent dans la vie des femmes et des hommes. On peut attribuer ces différences tout autant au conditionnement culturel qu'aux facteurs anatomiques. Dans bien des cas, il faut savoir que l'homme n'interprète pas la sexualité de la même manière que ne le fait la femme.

Dans la vie matrimoniale, les hommes sont plus que les femmes, attirés par le sexe. Le sexe incite plus les hommes que les femmes au mariage. Les hommes ont tendance à établir la qualité de leur mariage en termes de fréquence et de satisfaction sexuelles tandis que les femmes évaluent leur mariage d'après la qualité de leur intimité.

La plupart des gens mariés ne comprennent jamais le sens donné par l'autre à l'expérience sexuelle. Et comme ils ne cherchent pas à comprendre, ils ne peuvent accepter le point de vue du conjoint. L'un blâme l'autre et les deux deviennent aigris.

Nous devons nous renseigner sur les différents types d'expression sexuelle dans le mariage. C'est beaucoup plus important que de connaître la physiologie et l'anatomie.

À vrai dire, personne ne souffre d'anxiété au sujet de sa physiologie. Nous avons, toutefois, tendance à nous sentir ignorants des modes d'expression sexuelle et de leur fréquence. Nous nous demandons : comment les gens s'expriment-ils sexuellement ? Comment différencier le comportement hétérosexuel normal de l'anormal ? Et pourquoi des gens recourent-ils à l'activité sexuelle pour les mauvaises raisons ? Car il peut y avoir des raisons non sexuelles à l'amour physique. L'anxiété, le besoin de démontrer sa puissance sexuelle, de même que l'ennui, sont peut-être les principales motivations au besoin de faire l'amour pour les mauvaises raisons.

Le mythe classique veut qu'au moment de se marier les mâles savent tout ce qu'il est essentiel de savoir sur l'acte d'amour corporel. La majorité des hommes tiennent ce mythe pour vrai et les femmes s'y laissent prendre. De nos jours, le mouvement de libération de la femme élève la voie sur ce sujet. La plupart d'entre nous devons admettre que notre ignorance du sexe est telle que nous avons du mal à expliquer les faits et attitudes à nos enfants quand vient le temps. Rien d'étonnant que tant de couples mariés soient insatisfaits de leur mariage.

Armés d'un si mince savoir, nous plongeons dans l'illusion et la désillusion, apeurés et coupables devant notre incapacité à expliquer ce que nous ressentons. Nous devrions nous connaître, connaître les hommes et les femmes, connaître leur comportement sexuel — et aussi savoir où aller pour apprendre — mais l'ignorance nous domine.

Troisièmement — Vous devez croire en la liberté d'expression sexuelle dans le mariage. L'un des facteurs positifs de la révolution (ou de l'évolution) sexuelle moderne, c'est d'affirmer l'absence de manière stéréo-typée de faire l'amour entre conjoints. Vous êtes libres de vous aimer comme bon vous semble.

L'homme et la femme ont, tous les deux, les mêmes droits et les mêmes responsabilités de se plaire sexuelle-ment l'un l'autre. Les couples d'âge moyen les plus heureux sont ceux qui ont appris à assumer les rôles de chefs de l'*eros* matrimonial. La femme peut être aussi agressive que l'homme, chacun relayant l'autre dans la tâche agréable d'aimer son ou sa partenaire de manière à lui plaire.

Les couples ont le droit d'établir leurs propres règles de conduite, dû au fait que leurs rapports conjugaux ne ressemblent à ceux d'aucun autre couple. Les besoins de chaque individu varient, tels la fréquence et le mode de gratification sexuelle. Ces exigences sont négociables puisque l'amour nous ordonne de servir l'autre de multiples manières.

Quatrièmement — Vous devez communiquer vos besoins d'expression sexuelle. Si nous nous parlons sans réticence l'un l'autre de choses sexuelles, nous ne craindrons pas de faire savoir à notre conjoint nos besoins de changements. Parce que, ne l'oublions pas, nos besoins d'expression sexuelle changent à mesure que le temps passe et que nous acquérons de l'expérience.

C'est donc là une sérieuse embûche chez de nombreux gens mariés de la génération médiane que de ne pas faire savoir à leur conjoint leurs désirs et leurs besoins sexuels, surtout si ceux-ci se modifient avec le temps.

Il n'est pas essentiel que l'expression sexuelle se termine toujours par le coït. Pour de nombreuses personnes d'âge moyen, le plaisir sexuel se limite à des attouchements chaleureux et des caresses intimes l'une pour l'autre. Se tenir par la main, se masser le dos, marcher bras dessus bras dessous, une étreinte amoureuse, sont autant de manifestations de l'attrait physique de l'un pour l'autre. Ces manifestations doivent se répéter souvent. Elles ne doivent mener au coït qu'une fois de temps à autre. La créativité sexuelle des gens bien équilibrés peut imaginer d'autres façons de satisfaire l'époux ou l'épouse.

De nos jours, les libraires sérieux ont des livres écrits spécialement pour renseigner les gens de tous les âges sur l'art de faire l'amour. Les études de Masters et Johnson, de Saint-Louis, comptent parmi les meilleures. Les écoles de médecine ont mis au point des cours et fondé des cliniques dans le but de dispenser la connaissance de tout ce qui touche au sexe. On reconnaît la présente période à la liberté qu'ont les gens de parler de tout sujet interdit dans le passé.

L'évolution sexuelle des temps présents s'exprime par le passage d'une attitude négative à une attitude positive en ce qui touche au sexe. Mais nous sommes encore à évaluer, avec inquiétude, les implications de cette évolution. D'aucuns ont abusé de cette nouvelle liberté. Les conséquences n'en furent pas toujours heureuses. Mais, je crois, le temps les corrigera. Par bonheur, le monde avance vers une meilleure connaissance de la sexualité, éliminant, de ce fait, les méfaits de l'ignorance pour les remplacer par une saine attitude devant les choses de la vie sexuelle.

La sexualité et la question des valeurs

La libération sexuelle charrie malheureusement certains effets destructeurs. La liberté sans la responsabilité mène à l'exploitation et peut-être au désespoir. De nouvelles formes de vie conjugale, plus particulièrement les communes, se sont multipliées, bien que ces modes existent depuis des siècles. Mais ces formes de vie conjugale ne sont pas aussi populaires que voudraient le faire croire certains «enthousiastes» de la vie en commun. Récemment, un sondage d'envergure nationale, mené auprès des femmes, révélait que 96 pour cent des Américaines préféraient encore un bon mariage à tout autre style de vie. Seulement 4 pour cent des femmes interrogées manifestaient de l'intérêt pour d'autres façons d'organiser leur vie.

Un autre aspect positif de la présente révolution sexuelle se manifeste par notre sens d'identité et de sexualité personnelles. Ordinairement, nous employons le mot sexualité pour désigner la fusion totale du sexe et de l'identité. La sexualité humaine comprend l'identité sexuelle et l'orientation psychologique de la personne totale. Les mots masculinité et féminité sont plus significatifs que les mots mâle et femelle. Ils recèlent des gerbes de traits, d'intérêts et d'expressions qui relient l'identité sexuelle à la personnalité totale.

Si nous disons que quelqu'un manque de confiance envers sa masculinité ou sa féminité, nous ne faisons pas allusion uniquement à ses organes sexuels. Nous soulevons, plutôt, la question d'identité. La sexualité est liée au sens du soi, à l'amour-propre, à l'acceptation de soi, à la confiance en soi, à l'attention qu'on se porte.

La plupart des problèmes sexuels du mariage découlent de l'anxiété. On doute de soi, de sa valeur. L'anxiété peut devenir si intense qu'elle affecte sérieusement le besoin et la performance sexuelle.

Le sexe, la sexualité, la sensualité et le plaisir sont des valeurs liées entre elles. Si nous y ajoutons l'amour, l'engagement, la responsabilité, l'humour, l'image sera complète.

Si nous affichons une attitude positive devant notre propre sexualité — c'est-à-dire devant la totalité de notre personne — nous pouvons nous épanouir et comprendre davantage notre masculinité ou notre féminité, chassant ainsi notre anxiété.

Douter de soi amenuise la libido et accentue la dépression. Chez les hommes, particulièrement, l'anxiété est la cause principale de l'impuissance. Traiter l'impuissance, c'est donc déraciner les causes de l'anxiété. De même chez les femmes, l'anxiété entraîne l'insatisfaction sexuelle. Elles craignent le coït et l'absence d'orgasme. Là encore, il faut remonter à la source de l'anxiété, de l'attitude envers soi, des sentiments de culpabilité.

La sexualité humaine est liée inexorablement aux rapports sexuels. Le lien matrimonial est le lien central de toute famille. Il est le plus important de tous et doit durer. Le lien entre époux est encore plus important que le lien entre parents et enfants.

Le sexe et la tendresse

Les gens honnêtes, sains de corps et d'esprit, n'ont pas à craindre l'activité sexuelle, parce que la fonction sexuelle est une fonction normale et naturelle. Elle se manifeste tout naturellement. Parfois, nous nous préoccupons trop de notre performance. Il faut dire que les livres les plus vendus sur le comportement sexuel portent surtout sur la performance et la technique. C'est là une erreur fondamentale. La lecture de ces livres a amené trop de gens à se sentir dévalorisés par leurs performances sexuelles inadéquates. Cette crainte a conduit plus d'un couple marié à l'insatisfaction sexuelle. Les techniques sexuelles n'ont pas besoin d'être décrites explicitement. Mais ce qui doit être enseigné, c'est la tendresse et la chaleur des échanges amoureux. C'est là que réside le grand amour.

Le sexe est l'expression spontanée et naturelle d'un rapport amoureux enrichi de confiance et de tendresse. Nous devons nous rappeler que ces traits touchent non seulement le couple, mais aussi les conjoints pris séparément. Pour se donner, il faut d'abord se respecter et s'aimer.

C'est une tâche quotidienne et permanente que de communiquer ce sentiment d'intimité à son conjoint. Ceux qui le peuvent atteignent l'épanouissement de leur expression sexuelle. Ceux dont la communion de sentiments est moins poussée se sentent moins heureux. Et les mariages froids, aigris, ennuyeux et routiniers ne connaissent pas les joies de l'intimité.

L'expression sexuelle est une donnée de la communion des sentiments et de la réciprocité des attentions entre les époux. Sans ces échanges, l'amour n'est plus qu'un geste biologique. Mais grâce à ce partage, le mariage devient une symphonie de bonheur et de joie mutuelle.

CHAPITRE 6

S'ABREUVER
AUX SOURCES DU
RENOUVEAU

Dans les pages précédentes, j'ai insisté sur le fait que la crise des années médianes du mariage peut être, en réalité, bénéfique à la vie personnelle de chacun des époux et à leurs relations matrimoniales. La vie moderne, vécue au siècle le plus dynamique de l'histoire, a besoin d'un effort sérieux et d'un engagement joyeux pour survivre. Les pressions de notre société peuvent facilement nous déchirer. À moins que nous y faisions face avec flexibilité et astuce.

Plusieurs couples modernes inventent de nouveaux moyens de rendre leur mariage vivable. Et le mariage peut marcher si les deux conjoints consentent à participer à l'échange, sans crainte des surprises de l'avenir.

Aujourd'hui, la plupart des couples recherchent des façons personnelles de s'épanouir dans le mariage par l'intermédiaire de la camaraderie. Dans un esprit d'ouverture et de partage, ils bâtissent à la fois sur la diversité et la mise en commun.

Les personnes les plus compatibles et les mieux équilibrées se reconnaissent mutuellement le droit à l'expression de leurs différences, au travail, dans le choix de leurs amis, dans les divertissements, dans les coutumes sociales, dans les manières de vivre, les manières de s'habiller et dans l'exercice de la religion. Il n'est plus nécessaire que l'un imite l'autre. Les différences ne sont plus sujets de querelles. Les gens bien adaptés ne tournent pas en ridicule l'échelle de valeurs, les croyances, les styles et les habitudes des autres. Ils perçoivent les différences des autres comme une manière d'être unique qui donne de la force à l'autre personne.

Les gens heureux et épanouis font place à l'expression individuelle, acceptent le point de vue des autres et le droit de chacun à la dissidence. Cela ne les empêche pas, toutefois, de reconsidérer fréquemment avec les autres les différences qui font la personnalité propre de chacun. Bien sûr que le premier « autrui » dont on se préoccupe doit être son conjoint, dont on reconnaît les droits à la diversité.

Je suis ce que je suis

La découverte de l'identité de chacun est essentielle à la réussite du mariage. Un époux attentif aux besoins de l'autre ne doit donc pas s'insurger contre la recherche de son identité. Les années médianes sont particulièrement indiquées pour retrouver son identité et repenser sa vie. Cela veut peut-être dire changer de rôles, changer d'idées, changer d'emploi, et quoi encore, mais cela ne veut certainement pas dire changer de femme ou de mari.

Une femme de banlieue, nommée, disons, Mary, passa les premiers quinze ans de son mariage de la manière conventionnelle. Elle était d'abord concernée par son foyer, ses enfants, le patrimoine familial. C'est elle qui la plupart du temps conduisait la voiture au cours des nombreuses navettes exigées par la famille. Elle était une épouse fidèle et attentive aux affaires de son mari. Ray, son mari, appréciait les qualités et les attentions de sa femme.

Ray était un homme fort affairé ; mais comme la plupart des hommes en affaires, voir des gens pendant la journée lui suffisait. À la maison, il se distrayait en lisant, en écoutant de la musique, en peignant et en montant sa collection de timbres. J'ai essayé, dit-elle, de l'intéresser à ce qui m'intéresse, mais c'est peine perdue. J'aime rencontrer des gens. J'aime aussi les sports et les activités de plein air. Mais mon mari préfère ne pas rencontrer de nouvelles personnes et il admire la nature autant qu'il admire la poussière sur les meubles !

Ces différences étaient suffisamment grandes pour éloigner les époux l'un de l'autre. Tant de mariages ont échoué à cause de différences entre les modes de vie et les préoccupations de chacun des époux. Mais ce couple avait assez d'imagination et de compréhension pour réorganiser son mariage. Mary dit :

« Nous avons discuté longtemps de nos différences d'intérêts. Chacun comprit ce que l'autre ressentait. Nous avons tous les deux reconnu la nécessité de trouver mon identité si l'on voulait préserver notre union. »

Forte de l'encouragement de son mari qui promettait d'alléger les tâches domestiques de sa femme, Mary retourna à l'université dans le but de compléter sa maîtrise. Les deux conjoints durent souvent rajuster leur programme pour satisfaire les besoins de chacun. Il leur fallut de la patience, des efforts, et beaucoup d'humour. Ray devint le catalyseur de l'épanouissement de Mary.

Après avoir obtenu son diplôme, Mary se trouva un poste d'enseignante à temps partiel. Elle participa davantage aux activités de l'église et de la collectivité. Maintenant, elle est heureuse dans sa peau.

C'est Ray qui le dit : « Aujourd'hui, notre mariage n'en est plus un de dépendance mais d'indépendance. » Chacun s'épanouit à sa manière, les deux se complétant l'un l'autre.

La joie et la récompense mutuelles se trouvent dans le partage des idées, non pas seulement les siennes mais celles des deux. Maintenant, chacun accepte l'autre et comprend à quel point la réussite d'un mariage est liée à l'affirmation de l'identité de chacun exprimée dans la joie et dans le respect de l'autre.

À chacun sa satisfaction sociale et intellectuelle. Mais parce que nous nous efforçons de satisfaire nos besoins individuels, séparément, nous réussissons à nous aimer encore et à nous respecter mutuellement. Nous croyons vivre le type de mariage qu'il nous faut.

Il n'y a pas deux mariages identiques

Au fur et à mesure que la vie change, nous devons nous souvenir que chaque mariage est différent de tout autre. La manière dont un couple doit régler ses problèmes, tout en respectant l'indépendance de chacun des époux, est propre à ce couple. Chacun doit trouver le courage et la sagesse d'agir là où c'est nécessaire. En d'autres mots, s'il y a lieu, prenez la responsabilité de changer ce qui doit être changé dans votre mariage. Votre bonheur est à ce prix.

Si nous ne cultivons pas nos rapports conjugaux, notre mariage sombrera dans l'ennui et l'apathie. L'indifférence nous fera vieillir plus vite et la dépression s'installera en nous.

Un couple marié est heureux si chacun des époux se croit heureux. Ce que, d'un commun accord, deux époux choisissent de faire, que ce soit traditionnel ou révolutionnaire, c'est leur droit. Mais, souvenons-nous : ce qui réussit dans un mariage donné ne réussit pas nécessairement dans un autre.

Notre société moderne reconnaît au couple la liberté de choisir le style de vie commune le plus apte à satisfaire les besoins et les désirs de chacun. Mais l'idéal reste quand même la longévité du mariage centrée sur l'échange réciproque entre les époux. Et sur ce chapitre, les époux d'âge moyen ont beaucoup de questions à se poser. Un mariage heureux sait s'adapter aux besoins de changements sociaux, spirituels ou professionnels de chacun des époux. Chacun des partenaires se voit comme un individu plutôt que comme une copie idéalisée de son mari ou de sa femme.

La santé d'un mariage repose sur l'*interdépendance* de deux *dépendances*. Si nous nous laissons piéger dans les interprétations aussi rigides que traditionnelles, il n'est pas improbable que la frustration et l'incapacité nous envahissent.

L'institution du mariage se veut un cadre dont le premier attribut est de permettre l'épanouissement global de deux personnes par l'échange d'attentions et la participation à des expériences communes enrichissantes. Quand les deux époux restent ouverts à l'expression et au développement personnels, de soi et de l'autre, tout en manifestant une chaleureuse réciprocité, l'amour n'est pas prêt de s'éteindre.

Le mariage et la joie d'être soi-même

Tant valent les époux, tant vaut le mariage. Chacun de nous doit se soumettre à une éthique fondamentale, notamment de chercher une signification dans la vie et de se découvrir en tant qu'être capable de diverses expériences dans la vie. La joie d'être soi-même est la joie d'écouter et d'aider l'autre. C'est le pouvoir de vivre ensemble dans la créativité et l'entraide mutuelles. Cela ne ressemble peut-être pas à du pouvoir puisqu'il ne se révèle pas sous forme d'agressivité ou de maîtrise d'une autre personne. Au contraire, on le perçoit plutôt comme du courage dans l'acte de supporter les autres. C'est le pouvoir d'accepter et d'aider un autre être à s'accomplir en tant que personne, à développer sa personnalité et à s'ouvrir à la vie.

Peut-être l'expérience la plus joyeuse de la vie est celle d'aider une autre personne et de lui être attentif, afin de lui permettre de se développer et de s'épanouir dans la vie. C'est là le test définitif de l'amour désintéressé, consenti librement et exprimé dans la joie.

Notre époque a trop souvent passé outre à la personne humaine. Nous avons été techniques, rationnels, empiriques, épicuriens et pragmatiques. Mais nous ne pouvons pas vivre comme des individus isolés sans souffrir de solitude. L'isolement et la solitude génèrent le malaise social et la pauvreté spirituelle. Nous avons besoin de savoir que nous appartenons à d'autres ainsi que nous sommes partie intégrante d'un rapport avec un être aimé de sexe opposé avec qui nous partageons toute une vie d'échanges.

Le temps présent redevient rapidement l'âge de la personne. Cela veut dire que, désormais, on n'abusera plus des gens, qu'on cessera de ne voir en eux que des objets utilitaires. Les gens sont importants. Votre époux ou votre épouse est très important.

Les individus dans le mariage sont importants comme individus; les enfants qui grandissent dans la maison sont importants comme individus. Aujourd'hui, le besoin primaire des gens, c'est d'être attentifs aux autres gens et de savoir que les autres gens sont attentifs à eux.

Les années d'âge moyen nous amènent davantage à miser sur la personne humaine. Nous rendant compte que nous avons vécu déjà la moitié de notre vie, voilà donc une nouvelle avenue d'épanouissement — de renouveau dans la vie. C'est le temps de combler nos espoirs nouveaux, de nous adonner à de nouvelles expériences, de concrétiser nos projets laissés en plan, bref, de prendre des risques.

Mais il ne faut pas remettre à demain. Il n'y a plus de temps à perdre en fantaisies et en espoirs illogiques. Les années médianes nous font prendre conscience de la futilité de certains espoirs de jeunesse et nous forcent à renoncer à plusieurs des châteaux que nous voulions bâtir en Espagne. Après deux décennies de rêves et de fantaisies, nous devons retomber sur terre. C'est là un fait brutal : plusieurs de nos rêves de jeunesse ne se réaliseront jamais. C'est le lot de chacun. Il n'y a pas de quoi sombrer dans la maladie mentale pour cela.

C'est le propre de la jeunesse de rêver, d'espérer, de cultiver des ambitions désordonnées. Mais le passage des ans leur fait souvent voir que la vie n'est qu'un plateau, peut-être même une pente descendante. Avec tristesse, d'aucuns éprouvent le syndrome de la pente descendante sans manifester la volonté d'en rectifier le cours. Il est impérieux de se convaincre qu'il est encore temps de réaliser certains de ses projets et de s'élever à de nouveaux paliers. Mais il est tout aussi impérieux de se convaincre qu'il faut oublier certains de ses vieux rêves. Pourtant, de nouvelles réalisations, de nouveaux objectifs, de nouvelles occasions frappent à votre porte. Qu'allez-vous faire des vôtres ?

L'âge mûr est l'après-midi de la vie, riche de connaissance et de sagesse, disponible à l'activité créatrice, même dans la vie matrimoniale. C'est le temps de la redécouverte de soi-même et du rôle qu'on doit jouer avec ferveur et signification dans sa vie conjugale, professionnelle, sociale et familiale.

L'immobilisme dans le mariage ne mène nulle part et on ne gagne rien à toujours perdre. Lapalissades? En effet, mais combien significatives. Au contraire, on a tout à gagner en croyant en soi-même et en s'employant à la poursuite de nouvelles entreprises qui exigent le don de soi.

Peut-être n'avons-nous qu'un talent, mais il est d'une importance vitale, face à nous-même, de faire fructifier sagement ce talent. La bonne manière, c'est de dire *oui* aux offres de la vie. Il y a risque pour chacun de nous. Mais c'est à ce prix qu'on croît dans la vie.

Je ne crois pas à la béatitude céleste dans le mariage. Nous sommes trop terre-à-terre et limités pour vivre dans les nuages. Le mariage doit se vivre dans l'arène de la vie — une vie toujours changeante, une vie qui nous confond, nous tourmente, nous blesse autant qu'elle nous rend heureux et satisfaits.

La croissance d'un couple se mesure à sa manière de relever les défis personnels et matrimoniaux de la vie. Si nous ne continuons à investir des efforts, à nous assumer, nous nous effondrons.

Si notre amour-propre est fondé, non pas sur l'illusion de nos talents, de l'estime que la société nous porte ou de la gloire que nous nous décernons, mais bien sur ce que nous sommes réellement, nous serons disponibles à l'acceptation des autres.

Les années médianes devraient ouvrir nos esprits à la sagesse, en mettant l'accent sur le besoin d'être attentif l'un à l'autre. Si nous pratiquons l'art d'être attentif l'un à l'autre, tant dans le domaine humain que spirituel, nous comprenons de mieux en mieux la tâche qui nous est dévolue ainsi que ses multiples facettes. Après avoir été le bénéficiaire des soins d'autrui, nous entrons dans l'arène de la vie pour prendre soin des autres. Et dans cet échange de soins, nous récoltons de l'amour. Le mariage reste le milieu de prédilection où pratiquer ces vérités — parce que le mariage est l'école de la personne, école dans laquelle nous sommes constamment inscrits.

Il n'y a pas lieu de continuer à s'affirmer à soi-même par le travail, la vie sociale, les entreprises sexuelles, dans le mariage ou en dehors. Il n'y a qu'un besoin — celui de s'accepter soi-même, résolvant ainsi son anxiété en disant *oui* à la vie, en trouvant dans le mariage le champ par excellence d'éclosion.

Au delà des années médianes

Les années médianes sont notre dernière chance d'atteindre la maturité et la sérénité. C'est notre dernière chance de repenser et de réorienter notre vie. C'est notre dernière chance de reconsidérer les questions de la vie, du soi, de l'amour de soi et des autres. C'est le temps de s'approfondir.

Si les années médianes passent sans qu'on ait résolu les conflits de son être, sans s'être situé soi-même dans le monde, la vieillesse arrivera bientôt, lourde de tout son vide et de toute sa tristesse.

Au contraire, si nous avons su nous ajuster correctement aux multiples préoccupations de l'âge moyen, nous pouvons atteindre la vieillesse de pied ferme, sûrs de pouvoir résoudre ses problèmes avec doigté. Après tout, la vieillesse peut être perçue comme le prolongement de l'âge moyen. La vieillesse, c'est l'hiver de la vie, qui, comme il se doit, suit l'automne.

On ne peut atteindre l'épanouissement dans les années médianes sans avoir remis de l'ordre dans sa vie et sans en avoir reprécisé le sens. Si notre rôle de père et de mère nous a trop accaparés, l'absence se fait sentir davantage quand le nid se vide. Souvent des parents se retirent de la société à ce tournant. Ils mènent une vie plus simple, qui, parfois, les conduit à la dépression ou à la stagnation. Mais comme le désengagement est une mort lente, les rôles de père et de mère ne doivent pas occuper toute la place dans la vie des couples.

Le rôle de conjoints doit déborder celui de parents. Notre éclosion doit reposer sur la tâche de servir l'humanité. Nous devons être attentifs également au besoin d'encercler le monde entier de nos bras. Nous devons nous employer à guérir les autres, à nous donner aux autres. C'est dans le don de soi que nous nous retrouvons.

La personne humaine complète est en communion profonde avec le reste du monde. Elle ne fait pas que s'écouter, mais prête aussi l'oreille aux voix extérieures. La sympathie qu'elle porte aux autres multiplie à l'infini l'envergure de ses expériences individuelles.

Elle souffre avec les malheureux. Elle se réjouit du bonheur d'autrui. Elle renaît à tous les printemps, s'émeut des grands mystères de la nature : la naissance, la croissance, l'amour, la souffrance, la mort. À la vue des jeunes amoureux, son coeur bat à l'unisson de leur coeur, partageant leur allégresse. Elle connaît aussi le ghetto de la souffrance sans soulagement. Jamais le glas sonne sans l'émouvoir.

Pour tous, l'âge moyen est l'âge de faire la paix avec soi-même. Faire la paix avec soi-même, c'est mettre en pratique la sagesse accumulée au cours de ses années de vie quand même nombreuses. C'est aussi mettre cette sagesse au service des autres personnes, autour de soi et partout dans le monde.

Nous devons nous faire à l'idée que la mort est inévitable, que la vie ne dure pas toujours. Notre vie pas plus que celle des autres. Nous devons donc adopter une psychologie et une philosophie conformes à nos croyances.

Nous devons donc nous repenser nous-mêmes constamment, réévaluer les valeurs dans lesquelles nous croyons, et identifier les valeurs auxquelles nous n'avons pas été fidèles — le tout dans le but de refaire la liste de nos priorités. Non pas avec tristesse mais avec la joie d'un être libre. Nous devons nous aimer pour ce que nous sommes non pas pour ce que nous aurions pu ou dû devenir. De même en est-il de notre attitude envers les autres. Et avec un sens constant de l'humour, soyons responsables à la vie, partageant la responsabilité de soulager les misères humaines.

Dans cet échange de nous-mêmes, nous saisissons la plénitude de la vie, libre de continuer à apprendre comment vivre. Nous avons besoin d'une âme pour oser, du courage pour persévérer et de la joie pour servir.

Deux époux qui s'entraident l'un l'autre font preuve d'altruisme, ce qui leur fait découvrir les beautés du renouveau dans le mariage. L'amour créateur, partagé par deux coeurs compréhensifs, est comparable à l'effet de deux composés chimiques mis en présence l'un de l'autre — les deux sont transformés.

Et les deux époux, qui partagent leur vie, leurs biens, leur sagesse et leur énergie connaîtront des satisfactions croissantes. Ils constatent le fait que dans chaque année de la vie, il est un temps pour terrasser le mal du pessimisme, de la dépression et pour goûter le vin nouveau des expériences humaines.

Compagnons d'un engagement sacré

Chaque jour de notre vie est un jour propice à l'expansion de la connaissance humaine et — à la pratique de la responsabilité envers les autres. Si l'équilibre matrimonial doit se prolonger à travers les ans, cet équilibre sera l'oeuvre des deux acteurs, enracinés dans la confiance et la compréhension mutuelles. L'équilibre n'est pas un fait accompli une fois pour toutes ; pour le maintenir, il faut que chacun des conjoints rajuste son sens de la personnalité et que les deux le fassent à peu près au même rythme.

Chacun des époux éprouve un intérêt croissant au changement de l'autre grâce à une complicité mutuelle mûrie dans l'amour. Chaque jour de la vie matrimoniale apporte ses exigences de négociations et de compromis qui constamment raffermissent les liens et reconstruisent l'union. Le compromis devient le tissu de leur engagement mutuel.

Les compromis équitablement répartis sont les règles et les balises de leur union particulière. Ces règles, respectées de chacun, sont importantes à la préservation de leurs rapports et à la création du type de liberté dans laquelle chaque conjoint se développe intellectuellement, socialement et spirituellement. Malgré cette liberté, compensée par l'interpénétration de leurs vies, ils restent fidèles au partage des responsabilités et des privilèges. Pour eux, le renouveau est toujours possible ; ils ne sont jamais trop vieux ou trop fatigués ou trop entêtés pour se donner un nouveau départ.

La tâche quotidienne de s'ajuster l'un à l'autre les rend heureux parce qu'elle leur permet de continuer à vivre ensemble. Dans l'entreprise très complexe et souvent subtile de la vie conjugale, les deux partenaires doivent rebâtir quotidiennement leurs rapports d'inter-dépendance en tenant compte des désirs de chacun, de la perception que chacun se fait de sa propre valeur et du besoin de chacun d'actualiser son potentiel. En somme, ils sont les compagnons d'un engagement sacré.

Achevé d'imprimer sur les presses de
L'IMPRIMERIE ELECTRA*
*Division de l'A.D.P. Inc.

Imprimé au Canada/Printed in Canada

Le guide pour parents séparés ou divorcés
par
Miriam Galper

Comment un couple séparé ou divorcé peut prendre charge des enfants sans les traumatiser et nuire à leur développement normal. Un guide rédigé par une grande spécialiste.

$6.95

Québecor

LE COURRIER DU BONHEUR
Solange Harvey

Solange Harvey traite huit grands thèmes:

- Les jeunes
- Le couple
- La solitude
- Faux problèmes
- Les parents
- L'homosexualité
- Le désespoir
- Recettes de bonheur

$5.95

LE MIROIR DE LA FOLIE

Marc-André Poissant

- Une jeune femme dans l'univers de la folie
- Une femme internée, aux prises avec les psychiatres et leurs traitements
- Une femme persécutée par les malades
- Cette femme est-elle vraiment folle?

UN ROMAN DE QUALITÉ OÙ LE SUSPENSE EST ROI

$5.95

Quebecor

Marc André Poissant

Paul Desormeaux, étudiant

Roman

**Paul Desormeaux, étudiant
par Marc-André Poissant**

Issu de la première génération des C.E.G.E.P.,
l'auteur a tracé un portrait bouleversant de
la vie étudiante... des étudiants qui s'éveil-
lent à l'amour... qui s'endorment aux sons
de la musique "pop"... qui rêvent de paradis
artificiels. Marc-André Poissant décrit avec
talent cet univers inconnu des parents et
des futurs cégépiens.

*"On découvre la finesse d'un tempérament
d'écrivain qui naît."*

Marie-Claire Blais

$9.95

Québecor

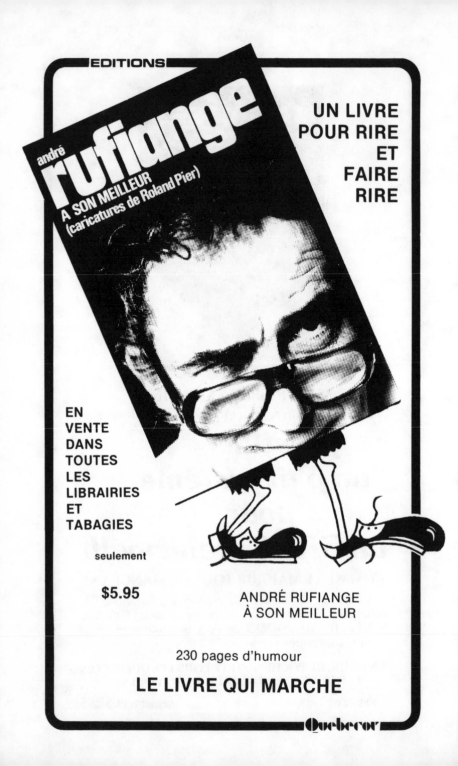

Rue des pignons

**par Mia Riddez
et Louis Morisset**

C'est avec plaisir qu'on retrouve des êtres
qui sont encore bien vivants dans nos mémoires:
les Jarry, les Marsouin, les Lafeuille, Irène,
Maurice et Hector Milot, Flagosse Berrichon et
l'inoubliable abbé Dorval. *Rue des Pignons* recèle
tout ce qui a fait la popularité de MIA RIDDEZ: la
vivacité des dialogues, la vraisemblance des per-
sonnages, l'habileté des dénouements. Mais surtout, *Rue des Pignons* est un roman haletant, qui
nous semble à la fois familier et nouveau et dont
le charme est aussi sinon plus efficace que celui
du fameux téléroman.

$4.95

Quebecor